Dr. Mathias BUABUA WA KAYEMBE

Vice-Ministre honoraire de l'Economie.
Directeur Général honoraire de l'ANAPI.
Professeur à l'UNIKIN et à l'UPC.

Spécialiste en :
- Droit Fiscal ;
- Droit des Investissements ;
- Finances Publiques Congolaises.

Droit économique congolais

L'Harmattan

Quelques ouvrages de la Collection « Dossiers, études et documents » (D.E.D)

- Jean MPISI, *Kivu, RDC : La paix à tout prix ! La conférence de Goma*, 2008, 296 pages.
- Jean MPISI, *Le Kivu pour la paix. Les Actes de la Conférence de Goma*, 2008, 492 pages.
- Esdras KAMBALE, *Du Shaba au Katanga. A propos du « massacre » de l'Université de Lubumbashi*..., 2008.
- Jean MPISI, *Traite et esclavage des Noirs au nom du christianisme*, 2008, 250 pages.
- Jean MPISI, *Les papes et l'esclavage des Noirs. Le pardon de Jean-Paul II*, 2008, 200 pages.
- Jean MPISI, *Les évêques africains et la traite négrière : Pardon de l'Afrique à l'Afrique*, 2008, 190 pages.
- J. MPISI, *Les prêtres africains en Occident. Leur mission et restrictions vaticanes sur leur séjour*, 2008, 280 pages.
- Innocent UNYON V.K., *Le conflit armé en Ituri (RDC) : La problématique de sa prévention et de sa gestion*, 2009.
- Jacques FUMUNZANZA M., *Kinshasa d'un quartier à l'autre*, 2009.
- Antoine GIZENGA, *Ma vie et mes luttes*, 2011.
- Philippe BIYOYA, *Diplomatie Congolaise Régionale. Nouveaux fondements, défis et enjeux*, 2012.
- Augustin KALUBI sj, *Vision et leadership selon Ignace de Loyola. Pour une éducation de qualité*, 2014.
- Jean MPISI, *Ali-Foreman. Le combat du (XXe) siècle*, 2020, 585 pages.
- Jean MPISI, *Le Programme sino-congolais pour le développement des infrastructures en RDC*, 2020, 540 pp.
- Jean MPISI, *La Sino-congolaise des Mines (SICOMINES)*, 2020, 405 pages.

DU MEME AUTEUR

I. Ouvrages littéraires

• *Moi, enfant du Village Malala* (récit), Bagneux (France), Ed. Nkansas, 2015.

• *L'ironie de la Vie* (théâtre), 2e éd, Kinshasa, Ed. Ngongi, 2014.

• *Dieu Sauve l'Afrique* (roman), Kinshasa, Clairière Editions, 1993.

• *Mais les Pièges étaient de la fête* (roman), Kinshasa, Clairière Editions, 1988.

• *Kabua Lala* (poésie), Kinshasa, Ed. B.K.M, 1987.

• *Pour une poignée d'allusions* (poésie), Kinshasa, Ed. de l'UECO, 1983.

• *Le Délégué Général* (théâtre), Paris, Ed. Silex, 1982 (Prix Littéraire Congo-Canada 1982).

• *Vociférations* (poésie) (théâtre), collectif, Kinshasa, Ed. La Grue Couronnée, 1980.

• *Les flammes de Soweto*, Kinshasa, Ed. La Grue Couronnée, 1979.

• *L'ironie de la Vie* (théâtre), Kinshasa, Ed. Ngongi, 1978.

• *Gazouillis* (poésie), Kinshasa, Ed. Ngongi, 1977.

II. Ouvrages scientifiques

• *Droit Fiscal Congolais, la législation fiscale et douanière en vigueur en RDC*, 3e éd, Kinshasa, EUA, 2017.

• *Finances Publiques Congolaises*, Kinshasa, CRFF, 2016.

• *Droit Economique Congolais*, 2e éd, Kinshasa, CRFF, 2016.

• *Finances Publiques Congolaises : Pouvoir Central et Entités Territoriales Décentralisées*, Kinshasa, EUA, 2013.

• *Droit Economique Congolais*, Kinshasa, EUA, 2000.

• *La fiscalisation de l'Economie Informelle au Congo*, Kinshasa, PUC, 1995.

• *Cours des Finances Publiques*, Kinshasa, ISC, 1994.

• *Traité de Droit fiscal congolais, Constats et Propositions sur les Contributions et la douane*, Kinshasa, PUC, 1993.

III. De nombreux articles dans des revues savantes

5-7, rue de l'École-Polytechnique ; 75005 Paris

http://www.librairieharmattan.com

ISBN : 978-2-343-24198-2
EAN : 9782343241982

Toutes ces années qui étaient pleines, à moitié pleines ou d'une vacuité déconcertante, j'ai mis toute mon énergie, ma passion, à chercher le sens de la vie.

C'était comme un point de fixation.

Au bout du compte, ce crépuscule qui avance à pas feutrés m'offre à percevoir le sens de la vie.

Le sens de la vie n'est autre que d'exister et de tenter sans arrêt de construire des ponts avec les autres.

Pas si facile que ça.

Mathias BUABUA wa KAYEMBE.

SIGLES ET PRINCIPALES ABREVIATIONS

A.C.T. : Acte Constitutionnel de la Transition

AFDL : Alliance des Forces Démocratiques de Libération

ANAPI : Agence Nationale pour la Promotion des Investissements

Art : Article

B.M : Banque Mondiale

BCC : Banque Centrale du Congo

BCCE : Banque Congolaise de Commerce Extérieur

CCA : Contribution sur le Chiffre d'Affaires

CCCI : Compagnie du Congo pour le Commerce et l'Industrie

CEE : Communauté Economique Européenne

CENAREF : Cellule Nationale de Renseignements Financiers

CIF : Coast, Insurance and Freight

COPIREP : Comité de Pilotage de la Réforme des Entreprises Publiques

CMDC : Compagnie Maritime du Congo

CSP : Conseil Supérieur du Portefeuille

DGDA : Direction Générale des Douanes et Accises

DTS : Droit de Tirages Spéciaux

EIC : Etat Indépendant du Congo

FB : Franc Belge
FC : Franc Congolais

FEC : Fédération des Entreprises du Congo

FED : Fonds Européen de Développement

FMI : Fonds Monétaire International

FOB : Free on Board

FPI : Fonds de Promotion de l'Industrie

GECAMINES : Générale des Carrières et des Mines

IGP : Institut de Gestion du Portefeuille

KDL : Katanga – Dilolo – Lobito

LAC : Lignes Aériennes Congolaises

MPR : Mouvement Populaire de la Révolution

O – L : Ordonnance – Loi

O.C.C : Office Congolais de Contrôle

OCDE : Organisation de Coopération et de Développement Économique

OFIDA : Office des Douanes et Accises

OGEDEP : Office de Gestion de la Dette Publique

OMC : Organisation Mondiale du Commerce

ONATRA : Office National des Transports

ONDE : Office National pour le Développement de l'Élevage

ONG : Organisation Non Gouvernementale

ONL : Office National du Logement

OTRACO : Office des Transports au Congo

PAS : Programme d'Ajustement Structurel

PME : Petite et Moyenne Entreprise
PMI : Petite et Moyenne Industrie

PPP : Partenariat Public- Privé

PTT : Poste, Téléphone et Télécommunications

PUC : Presses Universitaires du Congo

PUC : Presses Universitaires du Zaïre

PUF : Presses Universitaires de France

RDC : République Démocratique du Congo

RZ : République du Zaïre

SAD : Sans Achat de Devises

SARL : Société par Actions à Responsabilité Limitée

SNCC : Société Nationale de Chemins de Fer du Congo

SNCF : Société Nationale de Chemins de Fer de France

SOSIDER : Société Sidérurgique du Congo

TGV : Train à Grande Vitesse

UMHK : Union Minière du Haut-Katanga

USD : Dollar Américain

ZRN : Nouveau Zaïre

INTRODUCTION GENERALE

À son accession à l'indépendance le 30 juin 1960, l'État congolais s'est trouvé confronté à de nombreux défis à caractère économique. Il suffit de savoir qu'en ce moment, alors que le pays ne disposait que d'environ 4 universitaires, celui-ci a assisté au départ massif et précipité de tous les cadres expatriés qui œuvraient dans divers secteurs de la vie nationale : banques, finances, mines, transports, enseignements primaire, secondaire et universitaire, travaux publics, etc.

Ce n'était pas seulement l'Administration publique congolaise qui était ainsi saignée à blanc de ses cadres de direction et techniciens de haut niveau, mais également les entreprises privées.

Face à cette situation inattendue, l'État congolais chercha à parer au plus pressé en faisant appel aux étudiants congolais dans les universités congolaises ou étrangères, aux cadres moyens anciennement engagés dans les entreprises et autres organismes, aux Haïtiens, Roumains, Yougoslaves, etc.

Ce qui paraît capital à retenir c'est que, dès l'aube de l'indépendance, le Congo a hérité d'un portefeuille important constitué de l'actif et du passif des sociétés à charte et des anciennes propriétés du Congo-Belge, dont certaines étaient créées du temps de Léopold II. En plus de ce portefeuille, le Congo fraîchement indépendant était confronté à la question de la reprise en mains des entreprises privées et autres biens meubles et immeubles abandonnés.

D'où, l'interventionnisme de l'État congolais en matière économique a été inscrit dans l'histoire même de sa décolonisation. Un fait important à signaler dans la formation du droit économique congolais a été le contentieux belgo-congolais, né aussi bien du partage des sociétés appartenant au Congo-Belge et dont la plupart disposaient d'un important patrimoine en Belgique, que de la ''succession d'État'', autrement dit de la prise en charge de l'actif et du passif du régime colonial.

Étant donné l'absence d'une expertise nationale en ces débuts de l'indépendance, l'opinion publique congolaise a toujours estimé que ce partage s'était fait au détriment des intérêts du Congo et ce ne sont pas les accords Tshombe-Spaak de 1965 pour mettre fin à ce laborieux contentieux, qui purent y changer quelque chose.

Aussi, est-on fondé de penser que les nouvelles autorités qui prennent le pouvoir le 24 novembre 1965 sous le leadership du général major Mobutu ont à l'esprit ce fameux contentieux lorsqu'en 1966, elles adoptent la loi dite Bakajika qui fait du sol et du sous-sol, propriétés exclusives de l'État congolais, à charge pour lui de les concéder à des particuliers et lorsqu'elles mettent à profit le différend né avec l'Union Minière du Haut Katanga (UMHK) sur le transfert du siège social des entreprises opérant au Congo, pour nationaliser cette dernière.

Aussi ruineuses que coûteuses, les nationalisations amorcées depuis 1966 se caractériseront par la création de sociétés nationales dans les domaines tels que les assurances, les transports aériens et maritimes, la distribution d'eau et d'électricité, pour avoir leur point d'orgue dans les « zaïrianisations » de 1973.

Le moins que l'on puisse dire, à propos de ces « zaïrianisations », c'est qu'elles étaient mal venues parce qu'elles intervenaient dans un contexte international fait des « chocs pétroliers » ayant provoqué une crise économique sans précédent au plan mondial.

Ce n'est que dans les années 1980, sur conseil des organisations de Bretton Woods (FMI et Banque Mondiale) et à la lumière de la crise économique profonde et multiforme qui le secoue, que le Congo amorce la libéralisation de son économie et les privatisations. Ces mesures de libéralisation ont touché divers domaines de la vie nationale: les mines, les transports aériens, l'exploitation des matières précieuses, le change, les P.T.T., etc.

Cependant, ces mesures, prises hors cadre juridique approprié, n'avaient pas encore cessé de défrayer la chronique nationale lorsqu'en 1990, à la suite des rapports particulièrement orageux caractérisés par des accusations réciproques (la Banque Mondiale et les F.M.I. accusaient l'ex-Zaïre de mauvaise gestion des ressources tandis que le Comité Central du parti unique affirmait qu'on ne mange pas la rigueur), les institutions de Bretton Woods, avec eux tous les États du Nord, décrétèrent la rupture de la coopération structurelle avec le Congo.

C'est sur ces entrefaites que le régime politique de 1965 a été chassé du pouvoir par la révolution Afdelienne du 17 mai 1997. Les mesures économiques prises par le nouveau pouvoir (interdiction de la circulation des dollars américains hors banques, renforcement des conditions d'exercice de l'activité économique par les étrangers, création d'une bourse de vente des matières précieuses, réinstauration du contrôle de change, etc.) paraissent comme étant un coup de barre à gauche et semblent aller dans le sens de l'instauration de la prééminence de l'État sur l'économie.

Cependant, à l'avènement du président Joseph Kabila (2001), de nombreux efforts seront fournis en vue de la normalisation de la situation de l'économie de la République Démocratique du Congo. Ainsi, dès l'année 2002 des réformes législatives et réglementaires annoncées ont été réalisées. Il s'agit notamment de la promulgation des nombreuses lois ayant pour objectif de libéraliser les activités économiques et de booster la relance. Il s'agit notamment de :

- La loi n° 004-2002 du 21 février 2002 portant Code des investissements ;
- La loi n° 007-2002 du 11 juillet 2002 portant Code minier ;

- La loi n° 011-2002 du 29 août 2002 portant Code forestier ;

- La loi n° 012-2002 du 16 octobre 2002 sur la poste ;

- La loi-cadre n°013-2002 du 16 octobre 2002 sur les télécommunications;

- La loi n° 015-2002 du 16 octobre 2002 portant Code du travail ;

- La loi n° 14/011 du 17 juin 2014 relative au secteur de l'électricité ;

- La loi n° 15/005 du 17 mars 2015 portant code des assurances ;

- La loi n° 17/001 du 08 février 2017 fixant les règles applicables à la sous-traitance dans le secteur privé ;

- La loi organique n°18-020 du 9 juillet 2018 relative à liberté des prix et à la concurrence.

- Etc.

Toujours préoccupé par la relance économique, le 1er Gouvernement de la troisième République a eu à initier un projet ambitieux relatif à la réforme du cadre juridique des entreprises publiques. Ledit projet a connu un aboutissement avec la promulgation en date du 07 juillet 2008 d'une série de quatre lois qui rompent avec le passé ; il s'agit de:

- La loi n° 08/007 portant dispositions générales applicables à la transformation des entreprises publiques ;

- La loi n° 08/008 portant dispositions générales relatives au désengagement de l'Etat des entreprises du portefeuille ;

- La loi n° 08/009 portant dispositions générales applicables aux établissements publics ;
- La loi n° 08/010 fixant les règles relatives à l'organisation du portefeuille de l'Etat.

Cependant, une chose est de prendre des lois, et l'autre en est de les appliquer de manière sincère et correcte, ce qui n'a pas toujours été le cas en RDC.

Au regard de tous ces éléments, il saute aux yeux que depuis l'indépendance, l'Etat congolais cherche à être présent, non seulement dans le débat, mais également sur le terrain de la réglementation et de la régulation de l'activité économique concrète.

Par conséquent, nous pouvons affirmer que le pays dispose déjà de nombreux matériaux pour la construction d'un droit économique spécifique à la République Démocratique du Congo, objet du présent cours.

Toutefois, étant donné les efforts fournis par la quasi-totalité des pays du monde, ceux de l'Ouest ou de l'Est, du Nord comme du Sud, pour libéraliser leurs économies et privatiser leur secteur public, il nous a semblé opportun d'élaborer ladite construction à la lumière du phénomène de la privatisation, point central de toutes les matières abordées dans le cours.

Première Partie

Généralités sur le Droit économique

CHAPITRE I

LES NOTIONS DU DROIT ECONOMIQUE

Section 1 : Définition du Droit économique

Le droit économique est la science qui étudie les règles par lesquelles l'Etat et les collectivités publiques interviennent dans la vie économique et sociale, dans le but notamment de promouvoir la production des biens et de services, leur circulation et leur consommation, de créer des emplois, etc.

Section 2 : Nature du Droit économique

Si on se réfère à la « *summa divisio* », le droit en général se subdivise en deux grandes parties : le droit public et le droit privé. Le droit public est celui qui réglemente les relations dans lesquelles l'Etat et les autres personnes du droit public sont en contact avec les particuliers. Quant au droit privé, il réglemente les relations entre les privés eux-mêmes.

Au regard de cela, le droit économique relève du droit public. On l'appelle également le droit public économique.

Le droit économique n'est donc pas une branche du droit privé qui entretiendrait des affinités par exemple avec le droit commercial ou le droit des affaires, encore moins avec l'économie des entreprises.

Elle est une branche du droit public caractérisée par l'utilisation des prérogatives exorbitantes du droit public et le recours à la coercition en vue de l'application des décisions de l'Etat.

D'où, la délicatesse de la mission dévolue aux responsables politiques et administratifs appelés à intervenir dans ce domaine et le poids des responsabilités qui sont les leurs.

Etant donné que ces interventions sont bien souvent justifiées par « l'intérêt général de la population » ou « l'intérêt du peuple », tout le problème est de savoir éviter la précipitation et de procéder froidement aux études appropriées pour ne pas, par des mesures inappropriées, desservir finalement celui qu'on se proposait de protéger.

Section 3 : Objectifs recherchés

Des objectifs variés sont recherchés par les autorités étatiques lorsqu'elles interviennent dans l'économie.

Citons à titre purement exemplatif :

- l'introduction des réformes économiques ;
- la recherche de l'indépendance économique ;
- la lutte contre la pauvreté ;
- l'accroissement de la production en vue d'augmenter l'offre des biens et des services ;

- la lutte contre les hausses injustifiées des prix ;

- la lutte contre la fraude et les autres crimes économiques ;

- l'augmentation des recettes publiques ;

- l'amélioration des balances commerciale et des paiements ;

- la réforme des entreprises publiques ;

- l'amélioration des conditions sociales des travailleurs au sein des entreprises ;

- etc.

Section 4 : Les modalités d'intervention de l'Etat en matières économique et sociale

L'Etat et les autres collectivités publiques peuvent mettre en œuvre plusieurs moyens d'actions et utiliser de nombreux instruments juridiques pour promouvoir l'économie.

Ces moyens d'intervention peuvent être regroupés en 5 catégories, lesquelles peuvent du reste se recouper dans la pratique. Il s'agit des :

- Interventions directes et indirectes ;

- Interventions globales, sectorielles ou particulières ;

- Interventions dans la capitale ou dans les provinces ;

- Interventions en faveur des nationaux ou des étrangers ;

- Interventions par le truchement des infrastructures ou par des lois et règlements.

1) *Interventions directes et indirectes*

Les *interventions directes* sont celles qui ont un impact direct et mesurable sur les activités productives, de distribution ou de consommation des biens et services. C'est le cas notamment de :

- l'augmentation ou la réduction des taux des impôts, et des droits de douane ;
- la création de nouveaux impôts ;
- la modification des tarifs d'électricité et d'eau ;
- la réduction ou l'augmentation des coûts de la création d'une entreprise.

Les *interventions indirectes* sont en revanche des mesures prises par l'Etat ayant un impact plutôt indirect et diffus sur les activités économiques. Il s'agit notamment de :

- L'adoption des mesures favorisant la stabilité macroéconomique ;
- La sécurité des personnes et de leurs biens ;
- La formation d'une main d'œuvre qualifiée ;
- La mise en place des infrastructures routières, énergétiques et de télécommunications de qualité ;
- La mise en place d'une politique d'incitation à l'investissement comportant des exonérations ou autres facilités fiscales et douanières ;
- La réduction du nombre de services étatiques œuvrant dans les frontières ;
- La création des zones de libre-échange, des zones franches ou des zones économiques spéciales ;

- La suppression des ruptures de charges par la construction des chemins de fer ou de ports en eau profonde, etc. ;

- La qualité de services de santé ;

- La qualité des universités et instituts de recherche.

2) *Les interventions globales, sectorielles ou particulières*

Les *interventions globales* sont constituées de mesures, lois ou règlements qui ont un effet sur l'ensemble des secteurs de l'économie. C'est le cas :

- Des mesures générales de libéralisation des prix;

- Des mesures de démonétisation et d'adoption d'une nouvelle monnaie ;

- De l'accroissement ou de la diminution de tous les droits de douane de l'impôt sur les bénéfices ;

- De l'interdiction de la détention des monnaies étrangères ;

- etc.

Les *interventions sectorielles*. Il s'agit des mesures qui n'ont d'impact que dans des secteurs bien déterminés. Il s'agit par exemple des mesures qui ne visent que le secteur de mines (diamant, or, coltan, etc.), ou de l'industrie, ou de transport, de tourisme, d'agriculture etc.

Exemple : Création des zones économiques spéciales ou des parcs agro-industriels.

Les *interventions particulières* sont constituées d'arrêtés ministériels ou d'accords qui ne visent qu'une entreprise particulière, soit pour lui consentir des avantages bien souvent fiscaux et douaniers, soit pour lui en retirer. Ex. Contrat-programme signé avec Bralima, Marsavco, UPAK, etc.

3) *Les interventions par voie unilatérale ou par voie contractuelle*

De manière classique, l'Etat et les entités publiques sont toujours intervenus, aux 19e et 20e siècles, de manière unilatérale. Les lois sont unilatérales, obligatoires, préalables et impersonnelles.

Cependant, au fil des temps, il y a eu évolution dans la conception du rôle de l'Etat. A partir des années 1980, les idées en vogue sur le plan économique ont été celles de facilitation, libéralisation ou privatisation. Au lieu d'un Etat décideur de manière unilatérale, celui-ci s'est converti en accompagnateur et facilitateur. D'où l'Etat doit avoir régulièrement des concertations avec les opérateurs économiques privés sur les mesures à prendre en matière économique avant de décider.

En effet, pour garantir l'applicabilité des décisions étatiques, il vaut mieux prendre langue au préalable avec ceux qui sont appelés à les subir et à les appliquer. C'est l'idée de « partenariat » qui est en vogue depuis lors.

Ainsi, les interventions de l'Etat sont en matière économique devenues de plus en plus consensuelles, contractuelles et concertées avant d'être coulées dans des lois obligatoires.

Elles sont parfois « ciblées » dans ce sens que plusieurs décisions ou accords visent des entreprises et des secteurs spécifiques en vue de la relance ou de la protection desdites entreprises ou secteurs.

Exemple : Mesures du Code des Investissements encourageant tel secteur ou décourageant tel autre et agréments accordés à telle entreprise bien déterminée à l'exception de toutes les autres.

4) *Les interventions en faveur de la capitale ou en faveur des provinces*

Bien souvent, du fait que les institutions politiques sont basées dans la capitale, les actions des Ministères et autres services étatiques ont tendance à être focalisées sur cet espace au détriment des provinces. Les routes, l'électricité, l'eau courante, l'éclairage public ont tendance à être bien aménagés dans la capitale, ne représentant pour les populations de l'arrière-pays qu'un mirage.

Dès lors, les investisseurs privés, qui ont besoin de ces services pour faire fonctionner leurs unités de production, n'ont d'autre choix que d'installer leurs entreprises dans la capitale, faisant des villes de l'intérieur, de simples centres de consommation.

Cette situation est anachronique et inadmissible notamment pour les raisons suivantes :

- Dans un pays, le développement doit être équilibré et viser toutes les provinces et districts à la fois ;

- Pour ne prendre que le cas de la RDC, Kinshasa la Capitale, est peuplée de 10 millions d'habitants alors que 60 millions sont localisés à l'intérieur ;

- La plupart des ressources naturelles congolaises, que l'Etat cherche à transformer en richesses réelles, sont localisées à l'intérieur et non à Kinshasa.

C'est ainsi que, pour encourager les investisseurs à se tourner vers les provinces, certaines lois économiques (voir Code des Investissements du 24 février 2002) établissent la discrimination des avantages à accorder aux investisseurs s'intéressant à la capitale et aux provinces.

De manière concrète, les investisseurs obtiennent des exonérations pour des périodes respectives de 3 ans, de 4 ans ou 5 ans selon qu'ils s'installent à Kinshasa (3), dans les Kongo-Congo et à Lubumbashi (4 ans) ou qu'ils vont vers les autres provinces défavorisées (5 ans).

Toutefois, comme nous le verrons par la suite, ce n'est pas le fait de consentir des avantages douaniers et fiscaux qui, à lui tout seul, peut drainer des investisseurs vers un coin bien déterminé de la République. Les critères de sécurité et l'existence préalable des voies d'évacuation ainsi que de l'électricité et de l'eau sont les plus déterminants dans ce domaine.

5) *Les interventions par le truchement des lois, règlements et/ou meilleures pratiques et par le biais des infrastructures.*

Les différentes catégories des interventions étatiques présentées ci-dessus peuvent être ramenées à deux essentielles faisant l'objet du présent point. L'Etat intervient tout à la fois par des lois, règlements et pratiques administratives, ou par des infrastructures.

S'agissant des lois, les objectifs poursuivi aujourd'hui par la plupart des pays du monde est de disposer des lois minimales (et non multiples et compliquées à comprendre) devant favoriser aussi bien la production, la circulation des biens que leur consommation.

Pour ce qui est de la production, la stratégie de sa promotion consisterait à réduire les droits d'entrée sur les biens d'équipement de même que les taux des impôts sur le capital ainsi que sur les revenus.

Il faut également, sous ce chapitre, décourager la tendance pour certaines provinces à créer des taxes sur la circulation des marchandises entre provinces, ce qui viole le principe de la libre circulation des personnes et des biens sur le territoire national.

En ce qui concerne la consommation, l'objectif doit être d'établir des lois devant garantir la stabilité du cadre macro-économique et des prix, étant donné que c'est l'inflation qui est la cause première de leur hausse. D'où des politiques monétaire et budgétaire prudentes de même que la nécessité de jouer à fond sur le levier de la production.

Les infrastructures quant à elles, constituent la base de toute économie libérale qui se veut compétitive. Il s'agit des infrastructures routières, énergétiques, de transport et en matière d'adduction d'eau potable.

Ceci étant, toutes les lois doivent clairement faire ressortir la nécessité de rencontrer les intérêts de la communauté nationale et des communautés de base par le paiement des impôts substantiels (voir secteur minier) et la lutte contre les fraudes et autres évasions fiscales. Cependant, les lois et les infrastructures ne valent absolument rien sans une administration de développement appelée à les mettre en œuvre.

L'Administration publique congolaise doit en effet mettre fin aux méthodes de travail et mauvaises pratiques basées sur la lenteur, la multiplicité des procédures et des taxes à payer, les doubles ou multiples taxations sans base juridique et sans service rendu, etc.

Il s'agit là de tout un chantier sans lequel la RDC se positionnera toujours à la queue des pays africains en quête de développement.

CHAPITRE II

LES SOURCES DU DROIT ECONOMIQUE

Il est important, lorsqu'on étudie une branche du droit, d'en connaître d'abord les sources. Non seulement parce que celles-ci constituent l'origine de ce droit appelé à éclairer les actes des décideurs, mais aussi parce que ces sources forment en réalité le soubassement, le socle des mesures déjà prises et de celles qui pourront l'être dans l'avenir.

Le droit économique faisant partie du droit public, ses sources ne sauraient être différentes de celles du droit public en général. Il s'agit notamment de la constitution, des lois, des règlements, de la jurisprudence, des principes généraux du droit, de la doctrine et de la pratique. Celles-ci constituent, en fait, les sources internes de ce droit.

Cependant, avec le développement fulgurant des relations économiques internationales, d'autres sources, à caractères communautaire et international, ont également vu le jour. Elles seront présentées dans les lignes qui suivent.

Section 1 : Les sources internes du droit économique

§1. *La constitution*

Au sommet de la hiérarchie des normes juridiques, se trouve la constitution, qui est la loi suprême du pays dans la mesure où elle émane du pouvoir constituant et est adoptée dans des formes particulières et solennelles, notamment par référendum.

Elle énonce les droits fondamentaux de la personne humaine et les devoirs des citoyens parmi lesquels les principes ‘‘d’égalité de tous devant la loi’’[1] et la ‘‘liberté du commerce et de l'industrie’’ qui paraissent être la base des activités économiques dans un pays.

En outre, elle détermine les différentes autorités de l'Etat ainsi que les pouvoirs leur dévolus au plan économique et financier et prévoit, généralement dans sa dernière partie, l'organisation financière et budgétaire ainsi que les principes qui gouvernent l'intervention de l'Etat et des entités territoriales en matière économique.

Ainsi, en ses articles 122 et 123, la Constitution de la R.D.C. fait ressortir du domaine de la loi les manières suivantes ayant une affinité avec le droit économique :

---

[1] Loi du 18 février 2006 telle que modifiée à ce jour.

■ D'une part, la loi fixe les règles concernant :

- Les finances publiques,
- Le commerce, le régime de la propriété des droits et des obligations civiles et commerciales ;
- L'assiette, le taux et les modalités de recouvrement des impositions de toute nature, le régime d'émission de la monnaie ;
- Les emprunts et les engagements financiers de l'Etat ;
- Le droit du travail et de la sécurité sociale ;

■Et d'autre part, la loi détermine les principes fondamentaux concernant :

- La libre administration des provinces et des entités territoriales décentralisées, de leurs compétences et leurs ressources ;
- La création des entreprises, établissements et organismes publics ;
- Le régime foncier, minier, forestier et immobilier ;
- La mutualité et l'épargne ;
- La coopérative ;
- L'agriculture, l'élevage, la pêche et l'aquaculture.

§2. ***Les lois***

On entend par lois, les règles juridiques formulées par écrit et émanant d'une institution législative (le Parlement ou le Président de la République auquel cas on parle d'ordonnance-loi) en vue de réglementer une situation à caractère général ou spécifique.

Comme souligné ci-haut, les matières se rapportant à la nationalisation, aux privatisations, au plan de développement économique, aux investissements, au budget de l'Etat et aux emprunts extérieurs sont réglées par loi.

Des lois particulières sont envisageables pour ratifier les conventions d'emprunt, accorder les garanties financières de l'Etat, nationaliser ou dénationaliser une unité de production bien déterminée, etc.

§3. *Les règlements*

Il s'agit des décisions prises par les autorités gouvernementales (Ordonnance présidentielle, Décret du Premier Ministre, Arrêté ministériel) ou provinciales (arrêté du gouverneur de province) ou encore des autorités locales (Bourgmestre, administrateur du territoire, etc.) en exécution des lois.

A ces règlements, il faut associer les mesures d'ordre administratif telles que les Notes circulaires et autres instructions de service des responsables des entreprises et établissements publics dans la mesure où elles complètent les lois économiques.

De telles décisions sont nombreuses dans les domaines d'homologation des prix, de commercialisation des produits vivriers, de conditionnement, de traitement et de conservation des produits agricoles, de coupe de bois, de permis de chasse, de protection de l'environnement, d'ouverture et de fermeture des établissements sanitaires, d'agrément des entreprises privées aux régimes du code des investissements, etc.

A titre d'exemple, dans le domaine fiscal, on enregistre une prolifération d'arrêtés ministériels ayant pour objet d'établir de nouveaux impôts, leurs modalités d'application et de perception ou encore d'en fixer les taux. Il s'agit là, cependant, d'une tendance à ne pas encourager compte tenu de la sensibilité de ce domaine qui fonctionne à la lumière du principe « qu'il ne peut être établi d'impôt qu'en vertu d'une loi ».

§4. *La jurisprudence*

Il s'agit de l'ensemble des décisions rendues par les cours et tribunaux sur les litiges relevant du domaine de l'interventionnisme étatique en matière économique.

Hormis quelques rares contentieux juridictionnels en matières fiscale et douanière, force est de constater que la R.D.C. ne connaît pas une floraison de jurisprudences dans le domaine économique. Ceci peut être considéré comme le reflet soit de la méconnaissance de leurs droits par les citoyens, soit de l'insuffisance de la marge de manœuvre qui leur est laissée dans la défense de leurs intérêts vis-à-vis de la toute-puissance de l'Etat.

§5. ***La doctrine***

Elle est constituée de l'ensemble des réflexions des hommes de science et autres auteurs se rapportant au domaine du droit économique et social. Le rôle de la doctrine est primordial car elle favorise considérablement le progrès et l'évolution du droit. En effet, par ses analyses, ses spéculations et ses critiques, elle stimule le législateur à améliorer des textes incomplets ou obscurs et informe le juge sur l'évolution de la pensée juridique.

§6. ***Les principes généraux du droit***

Ce sont des principes directeurs qui servent de guides, voire de sources au droit en cas de silence de la loi. De ces principes directeurs, découlent généralement les règles du droit positif ou que le droit positif applique dans certaines situations et notamment en droit économique et social.

En guise d'illustration, on peut citer les principes de « légalité des impositions », celui « d'égalité » des citoyens devant les charges publiques (impôts et taxes), celui du « respect des droits de la défense dans toute procédure judiciaire ou administrative » et le principe « non bis in idem »[1].

---

[1] Adage juridique qui signifie : « pas deux fois la même chose ».

§7. *La pratique*

Le droit économique est fortement influencé par les pratiques caractérisant le fonctionnement des administrations économiques particulièrement de l'administration du Ministère de l'économie (contrôle et affichage des prix), de l'administration fiscale (déclaration des revenus, contrôle et recouvrement des impôts), de l'administration douanière (dédouanement des marchandises), etc.

Ces différentes pratiques s'écartent bien souvent de l'esprit des lois qui réglementent ces domaines et de l'objectif même poursuivi par le droit économique qui est celui de relancer les affaires.

Les opérateurs économiques se sont toujours plaints de la multiplicité des services de contrôle et autres services étatiques dans les frontières, des coûts financiers que cela entraîne ainsi que du harcèlement dont ils font l'objet de la part des services économiques.

Il est souhaitable, dans le cadre de l'image du pays et de la sécurité des affaires, que les différentes administrations concernées modifient leur comportement pour devenir accompagnatrices et agents promotionnels des affaires. C'est de cette manière et de cette manière seulement que la RDC pourra devenir attractive aux yeux des investisseurs.

Section 2 : Les sources internationales et communautaires du droit économique

Elles résultent de la conclusion des traités bilatéraux entre la RDC et un Etat ami (ex : Traité de promotion et de protection réciproque des Investissements) ou des conventions multilatérales entre la RDC et deux ou plusieurs Etats dans le cadre plus ouvert des organisations internationales à vocation régionale ou communautaire et celles à compétence universelle que sont les institutions spécialisées des Nations Unies (Banque Mondiale, FMI, etc.)

En effet, depuis la fin de la 2e Guerre Mondiale, on assiste à une floraison d'institutions internationales à vocation universelle offrant un cadre juridique de négociations et de réglementations sur des questions économiques et sociales à l'échelle mondiale. Ce sont d'une part, l'O.M.C. (Organisation Mondiale du Commerce) qui s'occupe des modalités d'échange des biens et services au plan mondial et dont l'objectif poursuivi est la libéralisation du commerce international et d'autre part, les institutions de Bretton Woods (le Fonds Monétaire International et la Banque mondiale) qui s'occupent des questions liées à la régulation monétaire et à la stabilisation des changes ainsi que du financement des investissements internationaux.

Elles prescrivent une gestion rigoureuse des finances publiques nationales, le paiement de la dette publique extérieure ainsi que l'amélioration du climat des affaires comme garanties du développement économique mondial.

Par ailleurs, on observe la constitution de grands ensembles régionaux ou sous régionaux appelés "communautés ou unions économiques" auxquelles notre pays a adhéré et qui poursuivent divers objectifs, dont l'intégration des économies des Etats membres, l'accroissement du volume des échanges moyennant réduction, voire suppression des barrières tarifaires et non tarifaires. Il s'agit notamment de : la Communauté de Développement de l'Afrique australe (SADC), le Marché Commun des Etats d'Afrique australe et orientale (COMESA), la Communauté Economique des Etats de l'Afrique centrale (C.E.E.A.C), la Commission Economique pour l'Afrique (C.E.A.), la CEPGL (la Communauté Economique des Etats de grands Lacs). La zone de libre-échange continentale africaine, etc.

Toutes ces organisations internationales et communautaires élaborent des réglementations et directives qui s'imposent à la RDC en sa qualité de membre et ce, conformément aux prescrits de l'article 215 de la Constitution[1].

[1] L'article 215 de la Constitution qui participe de la crédibilité de la RDC, souligne que « les traités et accords internationaux régulièrement conclus ont, dès leur publication, une autorité supérieure à celle des lois, sous réserve pour chaque traité ou accord, de son application par l'autre partie ».

CHAPITRE III

LES PRINCIPES FONDAMENTAUX DU DROIT ECONOMIQUE

Deux catégories de principes fondamentaux gouvernent la matière du droit économique et constituent le soubassement de ce qu'il y a lieu d'appeler « l'Etat de droit ». Il s'agit :

- Des principes fondamentaux traditionnels, d'une part;
- Et des principes fondamentaux propres au droit économique, d'autre part.

Section 1 : Les principes fondamentaux traditionnels du droit économique

§1. *L'égalité des citoyens devant la loi*

Le principe d'égalité est, sinon le pilier, du moins l'un des fondements du droit car il a valeur constitutionnelle. En effet, l'article 12 de la Constitution dispose que « tous les Congolais sont égaux devant la loi et ont droit à une égale protection des lois ». Et l'article 13 de renchérir : « Aucun Congolais ne peut, en matière d'éducation et d'accès aux fonctions publiques ni en aucune autre matière, faire l'objet d'une mesure discriminatoire, qu'elle résulte de la loi ou d'un acte de l'exécutif en raison de sa religion, de son origine familiale, de sa condition sociale, de sa résidence, de ses opinions ou de ses convictions politiques, de ses appartenances à une race, à une ethnie, à une tribu, à une minorité culturelle ou linguistique ».

En droit économique, ce principe signifie que toutes les personnes physiques et morales doivent être mises sur un pied d'égalité par l'Etat et bénéficier de sa part de la même protection et des mêmes facilités. L'une des conséquences de ce principe est que l'Etat doit s'abstenir, dans l'attribution des marchés publics ou des exonérations fiscales ou douanières, de privilégier certains opérateurs économiques au détriment des autres et ce, sur base de considérations subjectives citées ci-dessus.

L'autre conséquence de ce principe est la protection que chaque opérateur économique est en droit d'attendre de l'Etat contre toute forme de concurrence déloyale de la part d'autres commerçants quels qu'ils soient. Pour ce faire, l'Etat doit créer la police de la concurrence chargée d'assainir le milieu d'affaires et d'éviter que la concurrence, abandonnée à elle-même, ne porte atteinte à la concurrence.

Par ailleurs, il est évident que cette stimulation de la concurrence libre et loyale ne s'accommode pas des situations de monopole au sein de l'économie nationale.

§2. *Le principe de non-rétroactivité en matière économique*

D'après ce principe général de droit, la "loi ne dispose que pour l'avenir ; elle n'a pas d'effets rétroactifs". De manière pratique, la loi ne prend effet qu'au jour de sa publication au Journal Officiel ; ainsi pourrait-il être juste d'évoquer à l'encontre des individus concernés l'adage "Nul n'est censé ignorer la loi".

Ce principe dont l'objectif est la protection des hommes d'affaires en les mettant à l'abri de l'arbitraire éventuel des hommes du pouvoir, est également d'application dans le domaine économique où il connaît cependant quelques exceptions. Il s'agit des exceptions suivantes :

1° Les lois intervenant dans le cadre d'une campagne (par exemple, campagne de payement de l'impôt foncier ou campagne de vente de vignettes), peuvent rétroagir au début de cette campagne à la double condition que cette campagne ait été caractérisée par un vide juridique et qu'elle n'ait pas été déjà clôturée ;

2° Les lois économiques plus douces, autrement dit plus favorables aux opérateurs économiques, peuvent toujours rétroagir dans la mesure où elles ne leur portent pas préjudice ;

3° Dans le cadre de la lutte contre la fraude et les crimes économiques, il est concevable que l'Etat, qui a été spolié, puisse prendre des lois rétroactives mais à condition que ce soit réellement des lois votées par le Parlement et que les dossiers soient traités conformément à une procédure judiciaire ;

4° Dans tous les cas, le Parlement, en sa qualité de représentant du peuple et utilisant ses pouvoirs de souveraineté, peut toujours voter des lois rétroactives, à condition que l'intérêt supérieur de la nation le commande.

Section 2 : Les principes fondamentaux propres au droit économique

Outre les principes traditionnels communs à toutes les branches du droit, le droit économique connaît en tant que tel deux catégories de principes fondamentaux qui lui sont propres.

Il s'agit d'une part, des principes libéraux inhérents au domaine de l'économie en général et d'autre part, des principes interventionnistes dictés spécifiquement par le souci de protection de l'intérêt général ou de l'ordre public, voire de contrôle des activités jugées stratégiques pour la nation.

De fait, l'application alternative de ces principes semble être conditionnée par l'arrivée au pouvoir des régimes politiques de gauche ou de droite, ceux de gauche ayant la préférence pour l'interventionnisme et les régimes de droite étant plutôt attirés par le libéralisme.

§1. *Les principes libéraux*

Il en existe essentiellement deux et qui sont de portée universelle, à savoir :

- La protection du droit de propriété ;
- Et la liberté du commerce et de l'industrie.

A. *La protection du droit de propriété*

Le droit de propriété est le droit le plus complet dont une personne peut disposer sur une chose. Il confère à son titulaire la maîtrise absolue sur la chose. En effet, la propriété est le droit d'user, de jouir et de disposer d'une chose d'une manière exclusive, perpétuelle et absolue, sauf les restrictions qui résultent de la loi et des droits d'autrui.

La Constitution dispose à ce sujet en son article 34 que « la propriété privée est sacrée. "L'Etat garantit le droit à la propriété individuelle ou collective, acquis conformément à la loi ou à la coutume. Il encourage et veille à la sécurité des investissements privés, nationaux et étrangers. Nul ne peut être privé de sa propriété que pour cause d'utilité publique moyennant une juste et préalable indemnité octroyée dans les conditions fixées par la loi. Nul ne peut être saisi en ses biens qu'en vertu d'une décision prise par une autorité judiciaire compétente ».

D'aucuns pensent que la démocratie a comme fondement la protection des personnes et de leurs biens, autrement dit la protection du droit de propriété. Ainsi, si les propriétés sont protégées, l'individu se trouve rassuré et motivé pour investir ou accroître ses richesses et partant, celles de la Nation. Dans le cas contraire, l'individu cherchera à placer ses richesses sous d'autres cieux, considérés comme plus cléments.

B. *La liberté du commerce et de l'industrie*

Ce principe est également garanti en R.D.C. par la Constitution dans la mesure où il résulte de la combinaison des articles 30 et 35 de ladite constitution. En effet, l'article 30 dispose : « Toute personne qui se trouve sur le territoire national a le droit d'y circuler librement, d'y fixer sa résidence, de le quitter et d'y revenir, dans les conditions fixées par la loi. Aucun Congolais ne peut être ni expulsé du territoire de la République, ni être contraint à l'exil, ni être forcé à habiter hors de sa résidence habituelle ». L'article 35 poursuit en ces termes : « L'Etat garantit le droit à l'initiative privée tant aux nationaux qu'aux étrangers. Il encourage l'exercice du petit commerce, de l'art et de l'artisanat par les Congolais et veille à la protection et à la promotion de l'expertise et des compétences nationales. La loi fixe les modalités d'exercice de ce droit ».

En droit économique, ce principe signifie que tout le monde peut exercer l'activité commerciale librement dans quelque province que ce soit sous réserve des restrictions prévues par la loi notamment à l'égard des fonctionnaires de l'Etat, des membres de professions libérales ainsi que de celles qui concernent l'exercice de l'activité commerciale par les incapables (mineurs d'âge, aliénés, etc.).

En dehors de ces restrictions, l'Etat devrait s'abstenir de mettre des entraves à l'exercice normal du commerce par les membres de la communauté nationale. Toutefois, on estime que ce principe n'est pas violé lorsque l'Etat prend des mesures pour protéger l'industrie nationale ou l'environnement contre toutes sortes de pollutions ou d'atteintes ou encore lorsqu'il accorde des subventions aux entreprises nationales afin de leur permettre d'exporter davantage.

Notons enfin que l'O.M.C. s'est donnée pour rôle de renforcer l'application de ces principes libéraux entre les Etats membres.

§2. *Les principes interventionnistes*

Ces principes découlent d'une inspiration différente des principes libéraux. Que de limiter son intervention dans le domaine économique, l'Etat doit, selon cette conception, intervenir en vue d'introduire la démocratie dans le fonctionnement de l'économie.

Une autre préoccupation de l'interventionnisme est la protection du peuple contre les méfaits du marché, particulièrement en période de guerres et de crises économiques. Ainsi, la grande crise des années 1920 et les deux premières guerres mondiales (guerres de 1914-1918 et de 1940-1945) ont joué un rôle non négligeable dans le développement de l'interventionnisme de l'Etat en matière économique.

Il en est de même de la crise de 2008 qui n'a été jugulée que grâce à des mesures interventionnistes, dans les pays de longue tradition libérale comme les USA, la Grande Bretagne, la France, l'Allemagne, etc. A l'apparition du Covid-19 début 2020 et au regard de ses effets néfastes sur l'économie et le social, le gouvernement en place (cfr Gouvernement TSHISEKEDI), n'a pas hésité à prendre des mesures pour assurer personnellement l'approvisionnement des marchés de Kinshasa à partir des provinces voisines.

Trois idées principales sont à la base de l'interventionnisme de l'Etat, à savoir : l'idée de démocratie économique, celle des nationalisations et celle de planification.

A. *La démocratie économique*

Au plan politique, la démocratie est définie comme étant le pouvoir du peuple, par le peuple et pour le peuple. Cependant, la démocratie politique demeurerait une coquille vide si sur le plan économique, la situation doit rester figée ou si elle continue à être caractérisée par l'exploitation de l'homme par l'homme.

D'où la nécessité d'introduire la participation des travailleurs, directement ou par le truchement de leurs représentants, à la détermination des conditions de leur travail et à la gestion de leurs entreprises. D'où la création des syndicats et leur introduction au sein des Conseils d'Administration des entreprises tant publiques que privées. A un plan beaucoup plus élevé, il convient que l'Etat, en sa qualité de représentant du peuple, participe à la vie économique par la création des entreprises publiques et la réglementation de l'activité économique exercée par les particuliers.

B. *Les nationalisations*

Elles sont entendues comme étant le retour à la nation de la propriété des entreprises privées conformément au principe selon lequel « toute entreprise dont l'exploitation a ou acquiert les caractères d'un service public national ou d'un monopole de fait, doit devenir la propriété de la collectivité nationale ».

Le caractère de service public national s'apprécie en fonction du nombre de citoyens qui sont appelés à accéder aux services fournis par ladite entreprise. Exemple : le transport en commun, le transport ferroviaire, la fourniture d'eau et d'électricité, etc. Quant aux situations de monopoles, que celles-ci soient de droit ou de fait, elles sont dangereuses aux yeux de l'Etat dans la mesure où elles se traduisent bien souvent par des arrangements dans la fixation des prix arbitraires et injustes, donc par l'exploitation du peuple.

En ce qui concerne la R.D.C., l'idée de base ayant justifié les nationalisations, à partir de 1966, est la recherche de l'indépendance économique. Les hommes politiques d'alors avaient ainsi cherché à traduire dans les actes, le slogan selon lequel « sans indépendance économique, l'indépendance politique est vide de sens ».

Notons enfin que pour être juste, la nationalisation implique l'indemnisation des anciens propriétaires selon les modalités à déterminer de commun accord.

C. *L'idée de planification*

Partant de la maxime selon laquelle « diriger, c'est prévoir », il a été introduit dans le fonctionnement des économies nationales, l'idée de planification.

D'après cette idée, toutes les décisions à prendre par les pouvoirs publics en matière économique ne doivent pas l'être de manière fortuite ; elles doivent plutôt s'insérer dans le cadre d'un plan énonçant des stratégies et les actions à réaliser, identifiant les ressources mobilisables et indiquant clairement les objectifs à atteindre.

Le plan peut donc être défini comme un document adopté par le Parlement, promulgué par le Président de la République et destiné à procéder à l'analyse de la situation économique en vue de tracer la direction vers laquelle les autorités voudraient orienter l'économie, en terme des projets chiffrés à réaliser tant par le secteur public que privé.

Il existe deux principales sortes de planifications : la planification dans le temps qui implique que le plan soit élaboré pour une période qui peut être de cinq ans (plan quinquennal), de dix ans (plan décennal), voire plus.

En revanche, la planification dans l'espace, également appelée l'aménagement du territoire, cherche à obtenir une meilleure répartition des hommes et des projets sur l'ensemble du territoire national en tenant compte des ressources disponibles et des possibilités réelles de chaque entité territoriale.

Deuxième Partie

L'interventionnisme de l'Etat en matières économique et sociale en RDC

CHAPITRE I

L'HISTORIQUE DE L'INTERVENTIONNISME DE L'ETAT DANS L'ECONOMIE EN RDC

Section 1 : L'interventionnisme en France

Le cas de la France fournit un bon éclairage de tout ce qui sera fait à travers différentes colonies ou ex-colonies, dont la RDC.

On ne peut mieux comprendre la question de privatisations sans chercher à cerner l'historique de l'interventionnisme de l'Etat dans la vie économique.

Jusqu'au 19ème siècle, l'idéologie dominante est le libéralisme économique qui confine l'Etat dans un simple rôle de gendarme où il n'assure que la police économique (vérification des poids et mesures, répression des fraudes, réglementation de certaines professions et activités, protection de la production nationale par l'instauration des droits de douane, etc.).

Sous la poussée de certaines circonstances dont les guerres (guerres de 1914 -1918 et de 1940-1945) et les crises (la crise économique de 1929), les idées évoluent et l'Etat est placé devant ses responsabilités. Il ne doit plus laisser l'initiative absolue aux privés. Il se voit contraint de prendre une part active au marché. Ainsi, à partir de l'année 1930, le terme « économie dirigée » entre dans la littérature économique. Poussé par le souci de faire face aux effets de la crise de 1929, l'Etat français institue la politique des contingents d'admission et des licences en lieu et place d'une simple politique douanière suivie jusque-là. En 1936, les efforts sont fournis par le Gouvernement français pour assurer la coordination de la question de transport (chemins de fer, routes, etc.). Entre 1936 et 1937, on assiste à l'arrivée au pouvoir des gouvernements de Front Populaire qui adoptent des réformes dépassant le cadre de l'interventionnisme pour aller vers l'étatisme: nationalisation des transports ferroviaires, de fabrication d'armement, de matériels aéronautiques, etc.[1].

Cette période d'entre-deux guerres connaît par ailleurs l'essor des établissements publics industriels et commerciaux[2], l'apparition et le développement de l'économie mixte.

Les pénuries de toutes sortes et les exigences liées à la situation d'occupation allemande font prendre à la période d'entre les deux guerres un essor extraordinaire à l'interventionnisme de l'Etat dans le domaine économique qui touche ainsi les domaines du commerce extérieur, le contrôle de change et le régime des prix.

---

[1] Lire au sujet de cette section DUVERGER, *op. cit.*, pp. 14-29.

[2] Il s'agit des en fait des entreprises publiques.

Au lendemain de la deuxième guerre mondiale, de nouvelles formes d'interventionnisme de l'Etat apparaissent, notamment : la planification, la création d'une direction nationale du crédit et le rôle de banquier des investissements que s'attribue le Trésor Public.

Après la guerre, au fur et à mesure que disparaissent les pénuries et les crises, l'idée d'une économie dirigée tend à devenir impopulaire. Le rôle de l'Etat devient celui d'assurer la promotion de la croissance générale de l'économie. Pour autant l'Etat n'est pas devenu moins interventionniste. Le rôle qu'il joue depuis lors dans l'économie se justifie par la nécessité de faire face à l'opinion publique devenue de plus en plus exigeante. D'où, l'Etat doit se préoccuper d'assurer les équilibres fondamentaux de l'économie (inflation, change, prix, balance de paiements, etc.) et de promouvoir la couverture sociale en faveur de la population (emploi, logement, soins de santé, sport, recherche, etc.).

De nouveaux termes apparaissent pour désigner cette nouvelle économie : économie orientée, concertée, contractuelle qui est un mélange entre l'économie libérale et l'économie dirigée.

Section 2 : L'interventionnisme en RDC

La question de l'interventionnisme en matières économique et sociale en RDC est dominée par le contentieux Belgo-Congolais ayant caractérisé l'indépendance de cette ancienne colonie Belge, ainsi que par ses effets d'entrainement que sont les nationalisations et la zaïrianisation.

§ 1. ***Le Contentieux Belgo-Congolais***

A. *Contenu du contentieux*

Cette contestation financière, qui a empoisonné les relations entre la RDC et la Belgique durant des décennies, est née au lendemain de l'indépendance au sujet de la récupération par le nouvel Etat des titres de participation de la Colonie dans plusieurs sociétés coloniales à caractère public ou mixte.

En effet, depuis la création de l'Etat Indépendant du Congo en 1885 jusqu'à l'instauration de la colonie belge à partir de 1908, le patrimoine du Congo était toujours distinct de celui de la Belgique. D'où à l'indépendance, en 1960, les nouvelles autorités crurent-elles de bon droit de réclamer la totalité des actions et obligations de la Colonie (participations directes) et des entreprises publiques coloniales (participations indirectes) dans des entreprises publiques ou mixtes.

La première société créée par Léopold II, en sa qualité de roi-souverain, fut la Compagnie du Congo pour le Commerce et l'Industrie, en sigle C.C.C.I. Par la suite, Léopold II et son Etat Indépendant du Congo créèrent trois sociétés dites « à Charte » qui étaient dotées des prérogatives de la puissance publique leur permettant notamment d'attribuer des concessions de terre. Il s'agit de :

- Comité Spécial du Katanga en 1890 ;
- Chemin de Fer du Congo Supérieur aux Grands Lacs Africains, en 1902 ;
- Comité National du Kivu, en 1927.

Par le truchement de ces sociétés, il fut créé 3 holdings ayant en leurs seins de nombreuses filiales et qui furent d'un poids très important dans l'économie du Congo-Belge. Il s'agit de :

- L'Union Minière du Haut Katanga, le 28/10/1906 ;
- La Compagnie des Chemins de Fer du Bas-Congo au Katanga (BCK) ; et
- La Société Internationale Forestière et Minière du Congo (Forminière), le 6/11/1906.

La plupart de ces sociétés avaient créé des filiales jusqu'en Belgique ou détenaient des actions dans des entreprises disséminées à travers le monde.

Cependant, à l'approche de l'indépendance, la Belgique prit, dans la précipitation, deux lois dont l'application allait occasionner la naissance du contentieux. Il s'agit en l'occurrence de la Loi d'option de nationalité du 17 juin 1960 et du Décret royal du 27 juin 1960 portant suppression des sociétés à charte.

La Loi du 17 juin 1960 autorisait les sociétés anciennement propriétés du Congo-Belge qui le souhaitaient d'opter soit pour la nationalité belge, soit pour la nationalité congolaise. Pour ces sociétés, le choix était clair : elles optèrent en bloc pour la nationalité belge et érigèrent en succursales leurs établissements situés au Congo.

Comme il fallait s'y attendre, la République Démocratique du Congo, s'estimant spoliée par les effets de cette loi d'option de nationalité, refusa d'accepter son application, ce qui déclencha le contentieux[1].

Le Gouvernement du Congo revendiquait les droits cédés par l'Etat propriétaire des terres vacantes et du sous-sol, en rémunération des concessions d'exploitation, les droits découlant des participations de la colonie dans les organismes et sociétés parastatales et mixtes et les titres de créance de l'Etat sur les pouvoirs locaux et sur les organismes d'utilité publique[2].

Pendant presque 5 ans, la Belgique refusa de céder à la R.D.C. les actions de l'Etat dans plus de 200 sociétés industrielles et commerciales constituant le patrimoine de l'ancienne colonie belge. Elle lia la question de la restitution du Portefeuille à celle de la reconnaissance par les autorités

---

[1] Lire à ce sujet Omombo Omana (Adrien), *Le portefeuille de l'Etat et l'Ajustement Economique de la RDC*, Kinshasa, Hippolyte Editeur, 1999, pp. 13-26.

[2] Cf. Francis Kikassa, « Le Contentieux Belgo-Congolais », in *Congo-Afrique*, n°7, août 1966, p. 333.

congolaises de la dette publique contractée par la colonie belge et dont elle évaluait le montant à 46.100.000.000 Fc[1], dont 22.400.000.000 Fc de dette extérieure non garantie. En outre, elle exigeait que le Congo indemnise les sociétés belges qui avaient été affectées par les troubles dus à l'indépendance (dont les sociétés qui avaient profité de la loi belge d'option de nationalité du 17/06/1960 et du décret royal du 27/06/1960).

B. *Les négociations*

Des négociations eurent lieu successivement à Bruxelles le 25 février 1963 et du 29 juillet au 2 août 1963, à Léopoldville du 17 au 20 mars 1964 (rencontre Adoula-Spaak) et enfin à Bruxelles du 28 janvier au 6 février 1965 (Tshombe Spaak), dont les accords ont été signés le 8 février 1965[2].

Ces accords comportaient 3 volets importants :

1. Volet Dette publique

• La dette coloniale intérieure exprimée en FC est acceptée par l'Etat congolais. S'y ajoutent les emprunts faits par l'Office de Sécurité Sociale d'Outre-mer et la Caisse d'Assurance du Congo-Belge et du Ruanda-Urundi. Son montant était de 22,4 milliards.

---

[1] NB : Anciens Francs Congolais.

[2] Francis Kikassa, *op. cit.*, pp. 33 et svts.

• La Belgique, de son côté, accepte la prise en charge de la dette coloniale exprimée en devises et garantie par elle. Son montant s'élève à 13 milliards.

• Le Congo et la Belgique se partagent la charge de la dette coloniale exprimée en devises, mais non garantie par la Belgique. Son montant s'élève à 11 milliards.

Cette dette non garantie devra être convertie en un emprunt en Francs Belges au taux de 3,5% et remboursable en 40 ans. Le service de cet emprunt sera assuré par un « fonds Belgo-Congolais d'amortissement et de gestion de la dette » créé à cet effet.

Le Congo versera à ce fonds un financement annuel de 300 milliards de FB et la Belgique 210 milliards.

2. Volet Portefeuille

La propriété des titres constituant le portefeuille de la colonie appartient à la R.D.C. ainsi que tous les droits et obligations y relatifs. La Belgique accepte enfin d'effectuer les formalités nécessaires en vue de remettre les titres constitutifs du Portefeuille à la R.D.C.

3. Volet Compagnies à Charte

Les deux parties acceptent les mesures de dissolution des sociétés à Charte intervenues le 24 juin 1960 et le 29 novembre 1964. Tous les droits fonciers appartenant auparavant au Comité Spécial du Katanga et au Comité National de Kivu sont cédés au Congo. Au total 12.500 actions du Comité Spécial du Katanga sont remises au Congo qui de son côté remet à la Compagnie du Katanga l'actif du C.S.K. en Belgique ainsi que le produit de la gestion de l'actif depuis le 30 juin 1960[1].

C. *Le Congo qui se sent floué*

Cependant, à regarder de près la liste des sociétés dont les titres ont été cédés au Congo, constatons avec Omombo Omana que tout n'a pas été restitué, notamment les titres de la colonie dans les importantes sociétés ci-après[2].

- La Société Africaine de Construction (SAFRICAS) ;
- La Profrigo qui contrôlait les Etablissements Maurice Michel, la Brasserie et les Frigorifiques de l'Afrique Centrale ;
- La Compagnie Sucrière Congolaise ;
- La Katangaise des Boissons ;
- Les Boissons de Stanleyville ;
- Le Moulin de Léopoldville ;
- Les Ciments du Congo ;
- La CEGEAC ;
- L'Interfina ;
- La Petro-Congo, qui contrôlait SOCOREP ;

[1] F. Kikassa, *op. cit.*, pp. 340-341.

[2] Omombo, *op. cit.*, p. 23.

- La Busira Lomani ;

- La Compagnie Immobilière du Congo (Immocongo).

D. *La réaction du Président Mobutu*

La réaction de MOBUTU à la suite de sa prise de pouvoir le 24/11/1965 ne se fit pas attendre. « Plus de contentieux entre le Congo et la Belgique. Nous considérons comme clos, à partir de ce jour à minuit, le contentieux belgo-congolais. Notre gouvernement est déterminé à prendre des décisions qui s'imposent... », martela-t-il lors de son meeting du 30/06/1966, sur la Place de l'Indépendance[1].

Ainsi, en plus de la récupération par la République de tous les biens abandonnés par les ressortissants belges et qui n'étaient pas mis en valeur, l'intervention de la *loi Bakajika* et de l'Ordonnance-Loi n° 66/341 relative au transfert au Congo des sièges administratif et social qui permit de nationaliser l'U.M.H.K., il y a lieu de relever les mesures suivantes prises par le gouvernement Congolais[2] :

- Retrait au Congo du Fonds Belgo-Congolais de gestion et d'amortissement de la dette. Malgré cette démission, le Congo s'engageait cependant à continuer à verser annuellement les 300 milliards de

[1] F. Kikassa, *op. cit.*, p. 345.

[2] Au sujet de ces mesures, lire le même F. Kikassa, *op. cit.*, pp. 346-347.

F.B. à titre de contribution conformément aux accords Tshombe-Spaak.

- Le gouvernement congolais décide de renoncer à ses droits sur les immeubles que détient l'O.N.S.S. (Office National de Sécurité Sociale) en Belgique. En contrepartie, tous les biens meubles et immeubles de cet organisme au Congo sont considérés comme revenant de droit au Congo.

- Le Congo décide de se retirer de la Sabena, société aérienne belge dont il détenait 24 % des actions et corrélativement somme la Sabena de se retirer d'Air Congo dont elle détenait 35 % du capital. En outre la R.D.C. confisque 8 immeubles de la Sabena au profit d'Otraco qui devait céder 8 immeubles qu'il possédait en Belgique en contrepartie.

- Les Sociétés Kilo-Moto et Forminière ont été dissoutes et nationalisées (deux offices devaient les remplacer).

D'autres mesures de recherche de « l'indépendance économique » et donc de nationalisation allaient être prises par la suite. Dans cette atmosphère surchauffée, peu étaient ceux qui pouvaient prêter oreille à l'opinion du représentant de la C.S.L.C. (Confédération Syndicale Libre du Congo) qui, à la clôture des négociations belgo-congolaises en février 1965, avait prophétisé : « Le portefeuille congolais est récupéré, l'attention du gouvernement doit être attirée sur le fait que la gestion de ce portefeuille doit être confiée à des bonnes mains et surtout aux éléments consciencieux, qui s'intéressent à la chose publique. Notre œil est dessus, car il y va du sort de toute notre économie et la mauvaise gestion risquera de nous entraîner dans des situations catastrophiques »[1].

Le contentieux belgo-congolais avait laissé de profondes suspicions et instauré entre la Belgique et la RDC, des relations épidermiques dont l'assainissement n'était pas encore à l'ordre du jour, au moment de l'arrivée au pouvoir du président Mobutu.

§ 2. *La congolisation de l'Union Minière du Haut-Katanga*

Au regard des dites suspicions, une année seulement après la prise du pouvoir par le Haut Commandement militaire, le 24 novembre 1965, intervient l'Ordonnance-loi n° 66/341 du 07 juin 1966 relative au siège social et au siège administratif des sociétés dont le siège principal d'exploitation est situé au Congo. D'après le prescrit de ce texte, les sociétés dont le principal siège d'exploitation est situé au Congo doivent y transférer leur siège social et leur siège administratif. L'Union Minière du Haut-Katanga n'obtempéra pas à cette injonction. Elle fut rayée du Registre de Commerce. Ainsi fut créée la Gécomin qui deviendra plus tard la Gécamines (Générale des Carrières et des Mines), entreprise

[1] Cité par Francis Kikassa, *op. cit.*, p. 348.

publique régie par la loi n° 78/002 du 06 janvier 1978 ensuite par les lois n° 08/007,08/008,08009 et 08/010 du 7 Juillet 2018 constituant le cadre juridique des entreprises publiques en RDC.

§ 3. *La Loi Bakajika*

Toujours à la recherche de «l'indépendance économique », intervint le 07 juin 1966, la loi n° 66-343 dite « Bakajika » par laquelle la République Démocratique du Congo reprenait la pleine et libre disposition de tous les droits fonciers, forestiers et miniers concédés avant le 30 juin 1960 en propriété ou en participation à des tiers, personnes morales ou physiques. Les intéressés disposaient d'un délai d'un mois pour introduire les demandes de confirmation de leur droit, ce à quoi se refusa l'Union Minière du Haut Katanga.

§ 4. *La Zaïrianisation*

Dans la foulée des mesures dites de sauvegarde de l'économie nationale et de l'indépendance économique, des décisions draconiennes furent annoncées le 30 novembre 1973, sous l'appellation de « zaïrianisation », par le comité central du Parti-Etat MPR.

La zaïrianisation n'était autre qu'une forme de nationalisation consistant en la reprise par l'Etat ou les organismes publics en vue d'une gestion publique ou d'une cession à des particuliers congolais, personnes physiques ou morales, de la propriété de la quasi-totalité des moyens de production et des services économiques appartenant à des expatriés.

Cinq niveaux de zaïrianisation étaient annoncés :

• Zaïrianisation des plantations, élevages, fermes, carrières et exploitations forestières, raffinage du cuivre, direction de la Gécamines, assurances, agences immobilières, transport maritime, entreprises de construction, etc. ;

• Zaïrianisation du commerce, des sociétés à charte et des filiales de l'Union Minière ;

• Zaïrianisation par institution du monopole de l'Etat en matière d'assurance automobile obligatoire, de transport maritime international (création de la Compagnie Maritime Congolaise et interdiction de la Société Congolaise de Surveillance) ;

• Zaïrianisation des emplois des cadres dans les entreprises privées qui devaient compter dans leur haute direction des Congolais au poste de Président et de Directeur Général notamment ;

• Zaïrianisation des biens immeubles appartenant à des étrangers dont certains considérés comme abandonnés sont acquis par l'Etat sans indemnité, etc.[1](15). On allait ainsi assister, à cause de la mauvaise gouvernance qui s'en suivra, à la totale destruction de l'économie de la DRC.

---

[1] Me Yabili Yalala Asani, « Code de la Zaïrianisation », *Mwanga Hebdo*, 1973.

§ 5. *La rétrocession*

S'étant certainement rendu compte qu'il était allé trop loin, le gouvernement congolais décida de rétrocéder à leurs anciens propriétaires les entreprises zaïrianisées ou radicalisées en prenant la loi n° 77-027 du 17 novembre 1977. Cette loi précisait cependant que les personnes physiques ou morales de nationalité étrangère ne pouvaient, dans les entreprises concernées, détenir une partie du capital excédant 60 % de celui-ci, ce qui avait pour objet d'en limiter considérablement la portée.

Par ailleurs, l'Etat congolais se réservait le droit de participation dans certains domaines d'intérêt national, à savoir : les mines, l'énergie, le bois, les transports maritimes, fluviaux, aériens et ferroviaires.

En outre, la loi précisait que les Congolais demeuraient propriétaires des fermes, élevages, petit commerce et plantations acquis par l'effet des mesures de zaïrianisation. Et en cas de défaillance de gestion dûment constatée, le gouvernement se réservait le droit d'ordonner le retrait à leurs acquéreurs, de certaines affaires pour les confier à d'autres personnes physiques ou morales désignées par lui.

Il est difficile de se faire une idée exacte de l'impact des rétrocessions sur la situation des affaires en RDC, tant il est vrai que la zaïrianisation avait porté un coup violent à la crédibilité juridique du pays et que, par ailleurs, cette rétrocession comportait des limitations qui avaient tendance à en vider toute substance.

D'après les statistiques de l'OGEDEP, la RDC devait encore, au mois de juin 1999, une somme de 145,2 millions USD aux anciens propriétaires des biens zaïrianisés. Et au moment où nous mettions la dernière main au présent ouvrage (2020), l'économie du Congo ne s'est pas encore relevée de ces mesures de nationalisation.

§ 6. *La libéralisation*

La libéralisation a été adoptée comme politique économique par le Conseil Exécutif (Gouvernement) en sa réunion du 08/09/1983[1]. Ces mesures, destinées à « favoriser la relance progressive et soutenue de l'activité économique, à réduire le taux d'inflation, à améliorer et renforcer la confiance dans l'économie du pays », étaient de cinq ordres principaux :

- Assainissement des Finances publiques grâce à la rigueur dans la gestion ;

- Libéralisation des prix pour l'ensemble des secteurs économiques ;

- Suppression de toute entrave susceptible de perturber le bon fonctionnement de l'économie ;

---

[1] Ces mesures ont été prises par le gouvernement de Kengo wa Dondo, sous l'impulsion des institutions de Bretton Woods, dont il était par ailleurs « le meilleur élève. »

- Libéralisation de l'exploitation artisanale des matières précieuses ;

- Libéralisation du régime de change afin d'unifier les différents taux de change pratiqués dans le pays et abolition du régime des importations sans achat de devises (S.AD.) et de la parité fixe du Zaïre-monnaie par rapport au DTS auquel il était rattaché depuis 1976.

A la lumière de la dégradation prononcée de la situation économique de la RDC jusqu'aux années 2000, caractérisée par une baisse continuelle de la production, une hyperinflation chronique, une instabilité monétaire et des désordres budgétaires de toutes sortes, on peut affirmer que ces mesures de libéralisation n'ont pas atteint les objectifs escomptés.

En effet :

6.1. S'agissant de l'assainissement des finances publiques grâce à la rigueur dans la gestion

Depuis l'année 1983, les finances publiques congolaises s'exécutent à la lumière de « la rigueur dans la gestion». Celle-ci se caractérise par le blocage systématique des crédits, notamment ceux relatifs aux rémunérations et aux services sociaux de base.

Ainsi, à dater de cette année, les services de restauration universitaires, de même que ceux de transport ont-ils été supprimés dans les universités de l'Etat et que des dispositions n'ont-elles plus été prises pour la réhabilitation de la voirie et des auditoires sur les campus.

La rigueur a tellement occasionné des dégâts dans les secteurs sociaux que cela s'est traduit sur les pillages de triste mémoire de 1992 à 1993. De fil en aiguille, le pays a plongé dans les désordres politiques et guerres à dater des années 1994. Ainsi, la politique de rigueur doit avoir une échéance. Elle s'accommode mal du développement économique et social. Elle doit être remplacée par celle d'orthodoxie aux termes de laquelle, tant pour les dépenses que les recettes, l'Etat doit se comporter comme un bon père de famille en faisant face à toutes ses dépenses essentielles et en encadrant les services percepteurs pour dégager tout le potentiel des recettes publiques mobilisables.

6.2. S'agissant de la libéralisation des prix pour l'ensemble des secteurs économiques

La libéralisation des prix n'est pas une fin en soi. La finalité devrait être en effet d'obtenir la stabilité des prix pour dégager le potentiel de consommation locale. La question des prix fait penser au couple production-consommation, dont le comportement a un impact non négligeable sur la décision des investisseurs privés vis-à-vis d'un pays.

Pour que cette décision puisse avoir un sens, un accent aurait dû être mis sur l'accroissement de la production des biens et services localement. Celle-ci implique en effet l'amélioration du climat des affaires et l'application de la politique de promotion des investissements. Rien de pareil n'ayant été fait et le Zaïre (actuel Congo) continuant à compter sur les importations pour approvisionner les marchés, la libéralisation des prix a entraîné une paupérisation sans pareille de la population congolaise.

Il faudrait par conséquent que l'Etat procède à des interventions diverses, directes et indirectes pour promouvoir la production et la consommation locales, afin de donner tout son sens à la libéralisation des prix appliquée dès lors dans notre pays.

6.3. S'agissant de la suppression des entraves au bon fonctionnement de l'économie

Les entraves de toutes sortes existent en RDC et c'est à cause d'elles que le pays est mal classé dans le Rapport Doing Business de la Banque Mondiale. Ainsi, tout au long de la IIème République, rien n'avait été fait pour réduire, sinon supprimer de telles entraves. Les hommes d'affaires se plaignent des tracasseries administratives opérées par les agents de l'Etat, et ils citent couramment ceux du fisc. Quant à la douane, faire passer sa marchandise par les postes frontaliers de Kasumbalesa, de Matadi ou de la

Grande Barrière de Goma exigerait beaucoup de temps et représenterait un important coût financier.

Dans la plupart des Ministères étatiques, chaque contact avec un entrepreneur privé est une occasion d'orchestrer une tracasserie.

D'énormes efforts doivent encore être fournis pour supprimer des entraves au bon fonctionnement de l'économie.

6.4. S'agissant de la libéralisation de l'exploitation des matières précieuses

A voir les retombées négatives de cette mesure, on peut affirmer que c'est la plus mauvaise à avoir été prise durant la IIème République. Certes, cette mesure a occasionné une certaine augmentation de la production artisanale du diamant et de l'or par-ci par-là. Mais elle a occasionné des dégâts considérables dans les domaines sécuritaires (troubles sociaux, rébellions et violences indicibles), de l'enseignement (déperdition scolaire), de l'environnement (destruction systématique des terres), etc.

En définitive, si on mettait en balance les avantages et les inconvénients des exploitations industrielle et artisanale, celle-ci pencherait pour la première.

6.5 S'agissant de la libéralisation du régime de change par l'unification des différents taux de change pratiqués dans le Pays

Le taux de change est un indicateur macro-économique important dans la vie de la Nation. La stabilité de change favorise la prédictibilité nécessaire aux affaires. Elle a également un impact sur la formation des prix, surtout au regard des biens exposés à la vente et provenant des importations.

Pour favoriser l'équilibre des prix, il convient d'assurer l'équilibre entre l'offre et la demande des devises étrangères ou bien l'offre et la demande de la monnaie nationale.

Ceci implique l'accroissement de la production exportable et l'orthodoxie budgétaire par la restriction des masses monétaires en monnaie locale injectées sur le marché. En RDC, ces deux conditions n'ont jamais été réellement remplies.

Ainsi, les mesures prises en 1983 pour relancer l'économie nationale n'ont donné lieu à aucun résultat palpable sur le terrain. Elles n'ont confirmé que la descente aux enfers de la Nation Congolaise.

§ 7. *La libéralisation totale du change en RDC*

Une importante décision a été prise par la Banque Centrale du Congo en date du 27 décembre 1996 relative à la libéralisation complète du change. Aux termes de cette décision qui abolissait les contrôles de change, la détention de monnaies étrangères en RDC, tant par les voyageurs résidents que par les non-résidents, était rendue libre. Les transactions en RDC libellées en monnaies étrangères cotées par la Banque Centrale du Congo étaient également libres. L'obligation de souscrire les licences pour les opérations d'exportations ou d'importations était abrogée. Quant aux exportateurs, quand bien même il leur était fait obligation de rapatrier la valeur FOB ou CIF des marchandises exportées par le biais de la banque agréée intervenante, ils n'étaient tenus de rétrocéder les recettes d'exportation ni aux banques privées, ni à la Banque Centrale du Congo. Les transferts des revenus et les paiements des services entre résidents et non-résidents, étaient libres et se réalisaient sans souscription de licence.

Cette réglementation de change a été modifiée par les nouvelles autorités du pays, particulièrement par le Décret-Loi n° 177 du 8 janvier 1999 relatif au régime des opérations en monnaie nationale qui interdit l'utilisation des monnaies étrangères dans les transactions commerciales au Congo ainsi que le Règlement n° 2 de la Banque Centrale du Congo portant disposition de Change en vigueur au Congo.

§ 8. *Economie de la réglementation du change en vigueur en RDC*

Signée le 25 mars et publiée au journal officiel le 28 mars 2014, la nouvelle Réglementation du

Change en République Démocratique du Congo abroge et remplace celle du 13 février 2003 qui, comme d'aucuns l'ont affirmé, ne répondait plus aux mutations économiques, financières voire technologiques intervenues au cours des dernières années au niveau national et international.

En effet, la nouvelle écriture de ce texte réglementaire édicté par l'Institut d'Emission, dont le fondement est cristallisé par l'Ordonnance-Loi n° 67/272 du 23 juin 1967 relative aux pouvoirs réglementaires de la Banque Nationale du Congo en matière de réglementation du change, telle que modifiée et complétée par l'Ordonnance-Loi n° 87-043 du 15 septembre 1987, comporte au total 114 articles regroupés en dix (10) chapitres.

Compte tenu de son volume important, ce paragraphe n'a pas la prétention de présenter l'économie de tous les 114 articles de cette Réglementation. C'est pourquoi, cette partie ne traitera successivement que des dispositions générales (A) et des autres dispositions (B).

A. *Des dispositions générales*

Définie comme un ensemble de dispositions édictées par la Banque Centrale du Congo en vue de régir les transactions en monnaies étrangères à l'intérieur du pays et celles entre la République Démocratique du Congo et le reste du monde[1], la

[1] Art. 1er de la Réglementation du Change du 25 mars 2014.

nouvelle Réglementation du Change procède d'abord, à son article 1er, à une balise notionnelle de soixante-six (66) concepts de base dans le but d'éviter des interprétations diverses, parfois controversées, et faciliter la compréhension de ses dispositions.

Il s'agit, à travers cette partie, de donner les conditions générales régissant les transactions en monnaies étrangères. A cet effet, nous avons retenu d'une part, les règles relatives à la détention, aux transactions et aux prestations de services en monnaies étrangères ; et d'autre part, les règles de suivi des opérations de change.

1) *De la détention, des transactions et des prestations de services en monnaies étrangères*

A son article 2, la Réglementation du Change pose le principe de la libre détention des monnaies étrangères en République Démocratique du Congo. Ce principe de la libre détention s'applique également à l'entrée du territoire national à l'égard de tout voyageur pour les moyens de paiement en monnaies étrangères[1].

Cependant, le montant en monnaies étrangères à détenir en espèces à l'entrée et à la sortie du territoire national ne peut être égal ou supérieur à USD 10.000/- (Dollars américains dix mille) ou son équivalent en d'autres monnaies étrangères, sous

[1] Art. 3 al. 1er de la Réglementation du Change du 25 mars 2014.

réserve des dispositions de l'article 6 de la loi portant lutte contre le blanchiment des capitaux et financement du terrorisme[1]. En conséquence, les sommes excédant ce plafond à l'entrée comme à la sortie du territoire national doivent faire l'objet d'un transfert bancaire[2].

Il est utile de faire remarquer que l'obligation réglementaire qui incombe à tous de ne pas détenir en espèce à l'entrée et à la sortie du territoire national des sommes correspondantes ou supérieures au montant plafond fixé est une limitation à l'exercice de la liberté de détention des monnaies étrangères.

Notons toutefois que cette limitation fixée à USD 10.000 est tempérée par certaines dispositions. Autrement dit, elle ne s'applique pas dans les cas suivants :

*Exceptions prévues à l'article 6 de la loi n° 04/016 du 19 juillet 2004 portant lutte contre le blanchiment des capitaux et financement du terrorisme[3] ;

*lorsqu'il s'agit des missions diplomatiques et des organismes internationaux accrédités en RDC bénéficiant des immunités et privilèges diplomatiques[4].

---

[1] Art. 3 al. 2 de la Réglementation du Change du 25 mars 2014.

[2] Art. 3 *in fine* de la Réglementation du Change du 25 mars 2014.

[3] Art. 3 al. 2 de la Réglementation du Change du 25 mars 2014.

[4] Art. 110 de la Réglementation du Change du 25 mars 2014.

En outre, le même montant est retenu et le même principe réaffirmé pour tout paiement en monnaies étrangères sur le territoire national. Autrement dit, à l'exception des paiements réalisés dans une localité dépourvue de banque, l'Autorité de Régulation et de Contrôle exige que soit effectué par voie bancaire tout paiement en monnaies étrangères sur le territoire national équivalent ou supérieur à la limite maximale de USD 10.000[1].

Quoique la Réglementation du Change ait postulé en faveur de l'interdiction de tout paiement en monnaies étrangères d'une somme égale ou supérieure à USD 1.000/-, le paiement en espèce ou par titre au porteur d'une somme supérieure ou égale à ce plafond est autorisé en francs congolais ou autre dans les conditions ci-après[2] :

*lorsque le paiement est destiné à dénouer les opérations licites dans les zones non desservies par les établissements de crédit ;

*lorsque le paiement a fait l'objet d'un examen particulier de la part de l'établissement de crédit en tenant compte des obligations lui faites par la loi n° 04/016 du 19 juillet 2004 portant lutte contre le blanchiment de capitaux et le financement du

---

[1] Art. 5 de la Réglementation du Change du 25 mars 2014.

[2] Art. 1er de l'Instruction n° 15 bis du 15 décembre 2006 de la BCC portant dérogation aux dispositions légales interdisant tout paiement en espèces ou par titre au porteur d'une somme en francs congolais égale ou supérieur à USD 10.000.

terrorisme. Dans ce cas, l'établissement est tenu d'en informer la Cellule Nationale des Renseignements Financiers (CENAREF[1]) ;

*lorsque le paiement est effectué par la Banque Centrale du Congo pour compte du Trésor ou en faveur d'un établissement de crédit agréé après avoir accompli les diligences requises par la loi.

Consécutivement à la limitation des paiements en espèce, il y a lieu mettre en vedette l'interdiction faite aux Bureaux de Change et aux Cambistes manuels personnes physiques d'effectuer des opérations de change manuel pour des montants dépassant USD 10.000/- ou l'équivalent en une autre monnaie étrangère par personne et par jour[2].

2) *Du suivi des opérations de change*

La réalisation des opérations de change[3] exige la souscription préalable d'un document de change auprès d'une banque agréée ou de tout autre mandataire de la Banque Centrale du Congo[4].

---

[1] *CENAREF* : Cellule Nationale des Renseignements Financiers.

[2] Art. 3 de l'Instruction administrative n° 007 de la BCC du 06 septembre 2017 portant règlementation de l'activité de change manuel.

[3] *Opérations de change* : ensemble des transactions dénouées entre la RDC et le reste du monde, portant sur les biens, services, transferts de revenus, capitaux et opérations financières ainsi que celles dénouées en monnaies étrangères sur le territoire national (Art. 1er de la Règlementation du Change du 25 mars 2014).

[4] Art. 8 al. 1er de la Réglementation du Change du 25 mars 2014.

Il est tout aussi important de souligner que la banque intervenante, impliquée dans une transaction entre résidents et non-résidents, est assujettie à un certain nombre d'obligations fixées par la Réglementation du Change dont l'inobservance l'expose à l'application des sanctions conformément à son article 111. C'est dans cette perspective que l'article 12 alinéa 4 de la Réglementation impose à la banque intervenante une responsabilité solidaire avec le souscripteur d'un document de change, de veiller au bon dénouement de l'opération.

Enfin, aux termes de l'article 14 de la Réglementation, la Banque Centrale perçoit une Redevance de Suivi de Change (RSC) de 2 % sur toutes les opérations de change sans distinction de la qualité du donneur d'ordre ou du bénéficiaire, à l'exception des cas prévus à l'article 15 alinéa 2.

B. *Autres dispositions*

La Réglementation du Change reconnaît aux banques la faculté d'exporter et d'importer des billets de banques libellés en monnaies étrangères moyennant une autorisation préalable de la BCC[1].

Aussi, il faut noter que la Banque Centrale du Congo a, par le Règlement n° 001/18 du 11 septembre 2018, modifié et complété la Réglementation du Change du 25 mars 2014,

---

[1] Art. 100 à 102 de la Réglementation du Change du 25 mars 2014.

spécialement en ses articles 73, 74, 75, 76, 77, 78 et 79 portant sur les dispositions spécifiques applicables aux titulaires des droits miniers[1].

La révision des dispositions précitées traduit la volonté affichée par l'Institut d'Emission de s'aligner aux nouvelles règles issues de la réforme du Code Minier et cristallisées dans la loi n° 18/001 du 09 mars 2018 modifiant et complétant la loi n° 007/2002 du 211 juillet 2002 portant Code Minier ainsi que celles contenues dans le Décret n° 18/024 du 08 juin 2018 modifiant et complétant le décret n° 038/2003 du 26 mars 2003 portant Règlement Minier.

[1] Règlement n° 001/18 du 11 septembre 2018 de la BCC modifie et complète la Réglementation du Change du 25 mars 2014, spécialement en ses articles 73, 74, 75, 76, 77, 78 et 79 contenus dans la section 1 relative aux dispositions spécifiques applicables aux titulaires des droits miniers, au sein du chapitre V relatif aux dispositions applicables aux titulaires de droits miniers et sociétés pétrolières.

CHAPITRE II

LE PORTEFEUILLE DE L'ETAT

Introduction

Le portefeuille de l'Etat est constitué des entreprises que l'Etat a créées ou dont il a héritées, dans lesquelles il détient la totalité de parts sociales ainsi que des parts majoritaires ou minoritaires que ce dernier détient dans les entreprises mixtes.

Il constitue une des plus importantes modalités d'intervention de l'Etat en matière économique. Il existe en effet des secteurs économiques stratégiques et importants dont l'exploitation par les privés surtout nationaux est quasiment impossible, étant donné les moyens financiers colossaux que cela exige. D'où l'Etat seul est à même de les exploiter en faisant appel à différents moyens : budgétaire, emprunts, partenariats publics-privés, etc.

Il s'agit à titre exemplatif des secteurs suivants : transports maritimes, fluviaux, lacustres et ferroviaires, mines, etc.

Sous le présent chapitre, nous allons faire l'historique du portefeuille de l'Etat et répondre notamment aux questions suivantes : d'où venons-nous et où en sommes-nous avec le portefeuille de l'Etat ?

Section 1 : Situation du portefeuille pendant l'EIC et la colonisation

Il serait indélicat d'aborder l'évolution du Portefeuille de la République sans avoir appréhendé les modes d'intervention de l'Etat Indépendant du Congo (EIC) (1885 - 1908) d'abord, et de la Colonie (1908 - 1960) ensuite, dans le domaine économique afin de rentabiliser ce vaste territoire croulant sous les dettes ayant servi à son exploration et à sa délimitation; faute de quoi la France, puissance riveraine du fleuve, se réservait un droit de préemption sur la propriété du Roi-Souverain Léopold II. Comment le Roi-Souverain allait-il procéder ?

La relève d'un tel défi s'exprima d'une part, par la prise de grandes décisions tendant à sauvegarder le patrimoine de l'EIC et d'autre part, par la création des structures économiques viables au moyen de participations directes et indirectes, justifiées chaque fois par l'opportunisme politique. En effet, ne disposant plus de capitaux frais, le Roi-Souverain décida en 1888, l'appartenance à l'EIC de toutes les mines; en 1889, toutes les terres vacantes rentrent dans le patrimoine de l'EIC ; en 1891, l'EIC s'accapare de tous les fruits de ses terres, à savoir le caoutchouc et l'ivoire[1].

Le Roi-Souverain devient, à cette même époque, actionnaire dans de nombreuses sociétés d'économie

---

[1] Voir *Profil du Zaïre*, op. cit., p. 223.

mixte dont les principales sont la Compagnie du Congo pour le Commerce et l'Industrie (CCCI) et le Chemin de Fer du Congo qui construisirent la ligne Léopoldville-Matadi. Dans ces sociétés, l'EIC fit apport du sol et du sous-sol. Ces apports en nature lui permirent de recevoir des parts sociales et des actions, prémisses d'un rôle actif dans lesdites sociétés.

Ruiné par l'aventure africaine de l'EIC, le Roi-Souverain crée, à la veille de l'établissement du Congo en Colonie du Royaume de Belgique, trois sociétés d'économie mixte dites « à charte ». Il s'agit du Comité Spécial du Katanga, du C.N.Ki (Comité National du Kivu) et de la CFL (Compagnie des Chemins de Fer du Congo Supérieur et des Grands Lacs Africains créée en 1902), appelées chacune à gérer l'activité économique sur de grandes superficies du territoire colonial par l'octroi de concessions, pouvoir cédé par le Roi-Souverain auxdites sociétés.

La conséquence en fut un accroissement spectaculaire du portefeuille de la colonie comprenant désormais les valeurs mobilières au sein des sociétés à charte et de leurs filiales générées par une intense activité paraétatique, de transport et de services, eau et électricité, agricole et d'élevage.

Les participations indirectes de la colonie s'illustraient notamment dans l'UMHK, la KDL, la Forminière, dans les sociétés agricoles, de transport et de services, la Société Générale Métallurgique de

Hobooken et la Société Générale des Minerais créées en 1919, la Compagnie Foncière du Katanga et les Charbonnages de la Luena fondées en 1922.

Le Portefeuille de la Colonie comprenait également les titres de créance du Congo Belge sur les entités décentralisées (Villes, communes) et sur les organismes d'utilité publique subventionnés[1].

Section 2 : Problématique du portefeuille à la veille de l'indépendance

Le portefeuille de la Colonie comprenait en 1959 des participations directes dans plus de 50 entreprises et des participations indirectes dans 25 autres entreprises. Le gouvernement colonial avait en outre un droit de regard dans 200 sociétés importantes et contrôlait totalement une dizaine d'entre elles dont la Banque Centrale[2].

La confusion qui caractérisa l'indépendance, ne permit pas un bon suivi de la gestion du Portefeuille. Les sociétés à charte et leurs filiales furent dissoutes et devinrent des sociétés de droit belge. Le problème des participations du Congo Belge dans diverses sociétés et leur reprise par la jeune République donna naissance au « contentieux belgo-congolais ». (Voir supra).

---

[1] Lire à ce sujet Kikassa Mwanalessa in *Zaïre Afrique*, n° 88, 1974, « Le Portefeuille de la République du Zaïre : origine et valeur, composition, gestion », pp. 497 à 506.

[2] Kikassa Mwanalessa, *idem*.

Section 3 : De la reprise en main du portefeuille de l'Etat

§ 1. *De la création des structures de gestion du portefeuille*

Comme déjà précisé, le nouveau régime du 24 novembre 1965 tenta d'accroître le portefeuille en procédant aux nationalisations des sociétés de droit belge dont le siège d'exploitation était situé en RDC. C'est le cas de l'UMHK nationalisée sur base du critère du siège d'exploitation.

L'ordonnance n° 9 du 10 février 1961 créait un Ministère d'Etat en charge des parastataux. L'Ordonnance n° 62 du 02 août 1961 le remplaçait par un Ministère du Portefeuille, lequel sera supprimé l'année suivante.

D'où l'apparition d'une délégation pour les problèmes financiers chargée du règlement du contentieux belgo-congolais en 1963 siégeant à Bruxelles.

L'accroissement du Portefeuille de la jeune République caractérise l'année 1966. Le contentieux belgo-congolais étant officiellement clos le 27 juin, tous les titres qui constituaient le portefeuille devinrent propriété de l'Etat congolais. L'administration de ce portefeuille, dotée désormais d'un corps quantifiable, entraîna successivement l'élaboration de structures de gestion. L'Etat devint, par ce biais, le grand opérateur économique dans le contexte national.

L'Ordonnance n° 67/21 du 20 janvier 1967 créa une Direction du Portefeuille au sein du Ministère des Finances. Cette Direction se mua en Direction Générale par l'Ordonnance n° 68/117 du 29 mars 1968. L'Ordonnance-Loi n° 69/148 du 01 août 1969 la rattacha au Bureau du Président de la République qui se vit doter par l'Ordonnance n° 70/092 du 11 mars 1970 d'un service du Portefeuille.

Ce processus aboutit à la création d'un organisme public appelé « Institut de Gestion du portefeuille » (I.G.P.) par Ordonnance-Loi n° 72-034 du 10 août 1972. Cette institution subira tour à tour des changements dans sa désignation et dans ses attributions jusqu'à l'actuel Conseil Supérieur du Portefeuille en passant par une période d'impasse en l'absence d'un cadre institutionnel.

Quant au Ministère du Portefeuille, il a subi lui aussi des révisions dans ses attributions depuis sa création en 1975.

§ 2. *Création de l'Institut de Gestion du Portefeuille (IGP)*

L'Ordonnance-Loi n° 72-034 du 10 août 1972 fixait la structure définitive du défunt IGP dont le texte de création, l'Ordonnance-Loi n° 70-072 du 20 novembre, fut abrogé.

Aux termes de ce texte, l'Institut avait pour objet de :

- administrer le portefeuille de la RDC ;
- prendre et gérer des participations dans des sociétés contribuant au développement économique du pays et exercer les droits qui y sont attachés ;
- Assurer le contrôle des organismes de droit public de la RDC, à l'exception de ceux qui seront déterminés par une ordonnance du Chef de l'Etat ;
- Gérer les immeubles bâtis de l'Etat.

Les missions de l'IGP étaient les suivantes :

1°) être une Société d'Etat de participations et de gestion de ces titres ;

2°) être l'autorité de tutelle des organismes paraétatiques ;

3°) concevoir et administrer économiquement la République par la rentabilisation du portefeuille de l'Etat.

§ 3. *Restriction de la mission de l'IGP*

Par l'Ordonnance-Loi n° 74-021 du 11 janvier 1974 portant statut de l'Institut de Gestion du Portefeuille, abrogeant l'O-L n° 72-034 du 10 août 1972 modifiée par la Loi n° 73-025 du 20 juillet 1973, l'IGP se définit clairement comme étant un établissement public à caractère financier, doté de la personnalité juridique et soumis au contrôle du Président de la République.

Comparativement à ses missions précédentes, ses compétences sont restreintes à la tutelle de certains organismes publics précis ; la gestion des immeubles bâtis de l'Etat ne concerne plus que ceux non affectés à un service ou à un usage public. Il garde cependant son rôle de gestionnaire des participations de l'Etat, quelle que soit leur nature.

§ 4. ***Création du Département du Portefeuille***

L'Ordonnance n° 75-167 du 20 juin 1975 confère au nouveau ministère toutes les attributions de l'IGP et lui octroie un contrôle de tutelle sur toutes les entreprises d'Etat et les établissements publics ainsi que les sociétés d'économie mixte.

§ 5. ***Unification de la législation relative aux***

Abrogeant tous les textes épars antécédents, la Loi n° 78-002 du 6 janvier 1978 porte dispositions générales applicables aux entreprises publiques, propriétés de l'Etat. Justificatif de la loi :

- Lever l'équivoque sur les règles applicables aux problèmes juridiques engendrés par le fonctionnement des sociétés d'Etat, des établissements publics et autres organismes publics ;

- Régler définitivement la problématique entre société d'Etat et entreprise publique par la consécration d'une seule expression juridique englobant toutes les connotations particulières de l'activité de l'Etat sous ses différents démembrements. Cas de la Gécomin où l'Etat congolais était en 1970 seul actionnaire malgré sa forme juridique d'origine en SARL (1966) relevant du droit commercial, mais pourtant qualifiée de société d'Etat.

§ 6. *Institution d'une « Commission de réforme du cadre institutionnel du Portefeuille de l'Etat »*

Suite à l'obsolescence de l'ancien IGP (1974) dont les principales attributions furent cédées en 1975 au nouveau Département du Portefeuille et étant donné que la multiplicité d'organismes publics ne permettait plus l'exercice d'un contrôle bien délimité, l'arrêté n° 007/VPCE/88 du 01 mars 1988 institua ladite commission.

Il s'agit d'une structure de concertation chargée de préparer un nouveau cadre institutionnel du Portefeuille de l'Etat, en remplacement de l'ancien IGP selon la décision du Conseil Exécutif (Gouvernement) d'initier un programme de réforme du Portefeuille de l'Etat par l'Ordonnance n° 87/245 du 29 juillet 1987 portant nomination d'un Vice-Premier Commissaire d'Etat.

L'année suivante marque donc la mise en place du nouveau cadre institutionnel du Portefeuille de l'Etat par la création du Conseil Supérieur du Portefeuille (CSP), le maintien du Département du Portefeuille, autorité de tutelle du CSP, avec toutefois la cession de certaines de ses attributions au profit des Départements de l'Urbanisme et Habitat et des Finances.

§ 7. ***Le Conseil Supérieur du portefeuille***

L'Ordonnance n° 89-033 du 30 janvier 1989 portant création du CSP, organisme public spécialisé, doté de l'autonomie administrative et financière, confie au nouvel organisme la mission d'assister le Conseil Exécutif dans le suivi et le contrôle des entreprises publiques et dans la gestion des participations de l'Etat dans les sociétés d'économie mixte.

Selon l'acte réglementaire de création, le CSP est créé pour une période transitoire dont l'échéance sera fixée par le Président de la République. Il est géré sous l'autorité du Commissaire d'Etat au Portefeuille (lire Ministre).

Quant à la gestion des immeubles bâtis appartenant à l'Etat, elle est cédée au Département de l'Urbanisme et Habitat.

§ 8. ***Réaménagement de certaines attributions***

L'Ordonnance n° 89-034 du 30 janvier 1989 transfère certaines attributions du Département du Portefeuille aux Départements des Finances, Urbanisme et Habitat. Désormais, la gestion du patrimoine immobilier de l'Etat relève de la compétence du Département de l'Urbanisme et Habitat. Quant au contentieux des mesures de

Zaïrianisation et de rétrocession, il relève de la compétence du Département des Finances avec le concours de l'OGEDEP.

En résumé, depuis 1989, le Portefeuille de l'Etat est géré comme suit :

- Les entreprises publiques régies toutes par la Loi n° 78-002 du 6 janvier 1978 sont sous la tutelle du Ministère du Portefeuille assisté par le Conseil Supérieur du Portefeuille.

- Les participations de l'Etat dans les sociétés d'économie mixte sont gérées par le Ministère du Portefeuille selon le prescrit de l'Ordonnance n° 75-167 du 20 juin 1975, assisté par le CSP selon l'Ordonnance n° 89-033 du 30 janvier 1989.

- Le patrimoine immobilier de l'Etat est géré par le Ministère ayant l'Urbanisme et l'Habitat dans ses compétences selon l'Ordonnance n° 89-034 du 30 janvier 1989.

- Le contentieux issu de la Zaïrianisation est géré par l'OGEDEP (Ministère des Finances)[1].

Au 9 juillet 1996, le Portefeuille de l'Etat comprenait 53 entreprises publiques et des participations dans 93 sociétés d'économie mixte.

---

[1] Actuelle DGEDEP ou Direction générale de la Dette Publique.

Cependant, toutes les structures de gestion créées n'ont pas contribué à l'accroissement du portefeuille de l'Etat en termes notamment de compétitivité des entreprises concernées et d'augmentation du volume de production. Au fil des ans, les autorités n'ont fait que ponctionner sur les ressources des entreprises du portefeuille jusqu'à en faire des coquilles vides.

Enfin, s'inscrivant dans la logique de moderniser ce service, le Premier Ministre va signer le décret n°13/036 du 03 septembre 2013 portant création, organisation et fonctionnement du Conseil Supérieur du Portefeuille.

Il se dégage de la lecture combinée des dispositions des articles 1er, 2 et 4 du décret précité qu' « il est créé, au sein du Ministère du portefeuille, un service public technique en matière de gestion du Portefeuille de l'Etat, doté de l'autonomie administrative et financière. Le CSP est placé sous l'autorité directe du Ministre ayant le Portefeuille dans ses attributions dans la gestion des participations de l'Etat dans l'entreprise du Portefeuille de l'Etat, ainsi que dans les organismes internationaux à caractère économique et financier dont la RDC est membre ».

CHAPITRE III

SITUATION JURIDIQUE DES ENTREPRISES PUBLIQUES CONGOLAISES

Le régime juridique des entreprises publiques congolaises tel que fixé par la loi-cadre n° 78-002 du 06 janvier 1978 a été réformé depuis le 07 juillet 2008, par la promulgation de quatre lois importantes, à savoir :

1°. La loi n°08/007 du 07 juillet 2008 portant dispositions générales relatives à la transformation des entreprises publiques ;

2°. La loi n°08/008 du 07 juillet 2008 portant dispositions générales relatives au désengagement de l'Etat des entreprises du portefeuille ;

3°. La loi n° 08/009 du 07 juillet 2008 portant dispositions générales applicables aux Etablissements publics ;

4°. La loi n° 08/010 du 07 juillet 2008 fixant les règles relatives à l'organisation et la gestion du portefeuille de l'Etat.

Section 1. Régime de transformation des entreprises publiques

§1. *Cadre et objectif de la réforme opérée*

Dans le cadre du programme général de redressement macro-économique et sectoriel conçu et conduit par le Gouvernement, il a été promulgué, après son adoption par l'Assemblée Nationale et le Sénat, la loi n° 08/007 du 07 juillet 2008 portant dispositions générales relatives à la transformation des entreprises publiques. Il a été constaté en effet que, dans leur configuration fixée par la loi-cadre du 06 janvier 1978, les entreprises publiques n'ont pas atteint les objectifs économiques et sociaux qui leur étaient assignés.

D'où la réforme intervenue, dont l'objectif est, d'une part, de créer un cadre institutionnel susceptible d'insuffler une dynamique nouvelle aux entreprises du portefeuille de l'Etat en vue d'améliorer leur potentiel de production et de rentabilité, et, d'autre part, de contribuer au renforcement de la compétitivité desdites entreprises et de l'ensemble de l'économie nationale.

§2. *Hypothèses de transformation des entreprises publiques*[1]

La loi sus-indiquée prévoit trois situations auxquelles doivent s'attendre les entreprises

---

[1] Exposé de motif de la loi n°08/007 du 07 juillet 2008.

publiques existantes. En effet, celles-ci sont appelées, selon le cas :

a) soit à *être transformées en sociétés commerciales*, plus précisément en sociétés par actions à responsabilité limitée dans lesquelles l'Etat, par dérogation aux dispositions légales en vigueur, est l'actionnaire unique. Sont concernées par cette première hypothèse, les entreprises publiques du secteur marchand, entendu comme tout secteur d'activités économiques soumis à la concurrence et dont le but est de générer des profits. Les entreprises publiques transformées en sociétés commerciales seront soumises au droit commun des sociétés commerciales (voir droit OHADA)[1].

b) Soit à *être transformées en établissements publics ou services publics* dans le but de régler la problématique du statut juridique des établissements qualifiés d'entreprises publiques, mais dont les activités sont, en réalité le prolongement de celles de l'Administration publique bénéficiant d'une parafiscalité et qui n'ont pas de vocation lucrative.

Il convient de préciser ici que cette hypothèse vise des entreprises publiques dont les activités sont, soit non lucratives et non concurrentielles, soit le prolongement de celles de l'Administration publique,

---

[1] Il s'agit actuellement de l'Acte Uniforme relatif au droit des Sociétés Commerciales et du groupement d'Intérêt Economique (AUSCGIE) qui s'applique en RDC depuis 2014.

soit bénéficiant d'une parafiscalité et qui poursuivent une mission d'intérêt général.

L'établissement public désigne toute personne morale de droit public créée par l'Etat en vue de remplir une mission de service public. Quant au service public, il faut entendre tout organisme ou toute activité d'intérêt général relevant de l'Administration publique.

c) Soit, enfin, à tout simplement *être dissoutes et liquidées* dans la mesure où elles sont en cessation de paiement, ou leur activité économique ne se justifie plus.

Section 2. Régime des Etablissements publics

Le régime juridique des Etablissements publics est donc fixé par la loi n° 08/009 du 07 juillet 2008.

§ 1. *Définition de l'Etablissement public*[1]

Il s'agit de toute personne morale de droit public créée par l'Etat en vue de remplir une mission de service public.

L'Etat désigne ici la puissance publique, autorité de régulation comprenant aussi bien le pouvoir central, la province que l'entité territoriale décentralisée.

---

[1] Art. 2 de la loi n°08/009 du 07 juillet 2008.

Ainsi défini, l'Etablissement public dispose d'un patrimoine propre et jouit de l'autonomie de gestion.

§ 2. ***Catégories d'Etablissements publics***[1]

A raison de leurs objets, les établissements publics sont catégorisés en :

1. Etablissements publics à caractère administratif ;

2. Etablissements publics à caractère social et culturel;

3. Etablissements publics à caractère scientifique et technique.

2.1 Liste des Entreprises publiques transformées en sociétés commerciales

N°	DENOMINATION	SIGLE
	1. Secteur mines	
1	- Général des carrières et Mines au Congo	GECAMINES
2	- Société de Développement Industriel et Minier au Congo	SODIMCO
3	- Office des Mines d'Or de Kilo-Moto	OKIMO
4	- Entreprise Minière de Kisenge Manganèse	EMK-Min
	2. Secteur Energie	
5	- Régie de Distribution d'eau	REGIDESO
6	- Société Nationale d'Electricité	SNEL

[1] Art. 4 de la loi n°08/009 du 07 juillet 2008.

7	- Congolaise des hydrocarbures	COHYDRO
3. Secteur Industrie		
8	- Société sidérurgique de Maluku	SOSIDER
9	- Société Africaine d'Explosifs	AFRIDEX
4. Secteur Transport		
10	- Société Nationale de Chemins de fer du Congo	SNCC
11	- Office National des Transports	ONATRA
12	- Régie des voies Aériennes	RVA
13	- Régie des voies Maritimes	RVM
14	- Lignes Aériennes Congolaises	LAC
15	- Compagnie Maritime du Congo	CMDC
16	- Chemins de fer des Uélés	CFU
5. Secteur des Télécommunications		
17	- Office Congolais des Postes et Télécommunications	OCPT
6. Secteur Financier		
18	- Caisse d'Epargne du Congo	CADECO
19	- Société Nationale d'Assurance	SONAS
20	- Hôtel Karavia	KARAVIA

Source : Annexe III du Décret n°09/12 du 24 avril 2009 établissant la liste des entreprises publiques transformées en sociétés commerciales, établissements publics et services publics.

2.2 Liste des Etablissements publics

N°	DENOMINATION	SIGLE
1. Secteur Agriculture		
1	- Office national du café	ONC
2. Secteur du transport		
2	- Régie des Voies Fluviales	RVF
3	- Office de gestion de fret maritime	OGEFREM

4	- City-Train	CITYTRAIN
3. Secteur communication		
5	- Agence Congolaise de Presse	ACP
6	- Radiotélévision Nationale Congolaise	RTNC
4. Secteur Financier		
7	- Fonds de promotion de l'industrie	FPI
8	- Institut National de sécurité Sociale	INSS
5. Secteur Constructions		
9	- Office des Routes	OR
10	- Office des Voiries et Drainages	OVD
6. Secteur des Services		
11	- Office National de Tourisme	ONT
12	- Office de Promotion de Petites et Moyennes Entreprises du Congo	OPEC
7. Secteur du commerce		
13	- Foire internationale de Kinshasa	FIKIN
14	- Office Congolais de Contrôle	OCC
8. Secteur de la recherche		
15	- Institut National des Statistiques	INSS
16	- Institut National d'Etudes et Recherches Agronomiques	INERA
9. Secteur de la Conservation de la nature		
17	- Institut Congolais pour la conservation de la nature	ICCN
18	- Institut de Jardin Zoologiques et Botaniques du Congo	IJZBC
19	- Institut des Musées Nationaux du Congo	INPP
10. Secteur de la Formation		
20	- Institut National de préparation Professionnelle	INPP

2.3. ***Liste des services publics***

N°	DENOMINATION	SIGLE
1. Secteur Agriculture		
1	- Office National de Développement de l'élevage	ONDE
2. Secteur des Mines		
2	- Centre d'Expertise, d'Evaluation et de Certification des substances minérales précieuses et semi-précieuses	CEEC
3. Secteur Industrie		
3	- Office de Gestion de la dette publique	OGEDEP
4	- Office des Douanes et Accises	OFIDA
4. Secteur des services		
5	- Régie Nationale d'Approvisionnement et d'Imprimerie	RENAPI

Source : Annexe III du Décret n°09/12 du 24 avril 2009 établissant la liste des entreprises publiques transformées en sociétés commerciales, établissements publics et services publics.

§3. ***Structures organiques de l'Etablissement public***[1]

La loi prévoit trois structures organiques devant exister dans chaque Etablissement public. Ce sont :

- Le Conseil d'Administration ;
- La Direction Générale ;
- Le Collège des Commissaires aux comptes.

[1] Art. 6 à 18 de la loi n°08/009 du 07 juillet 2008.

1. *Le Conseil d'Administration*

Le Conseil d'Administration est l'organe de conception, d'orientation, de contrôle et de décision de l'Etablissement public.

Il définit la politique générale, détermine le programme de l'Etablissement public, arrête le budget et approuve les états financiers de fin d'exercice.

Le nombre de ses membres est fixé en fonction des missions spécifiques de chaque Etablissement, en s'assurant de la représentation des principaux partenaires sociaux et services publics intéressés. Dans tous les cas, il ne peut dépasser cinq membres.

Les membres du Conseil d'Administration sont nommés, relevés de leurs fonctions et, le cas échéant, révoqués par Ordonnance du Président de la République, sur proposition du Gouvernement délibérée en Conseil des Ministres. Leur mandat est de cinq ans renouvelable une fois.

Un membre du Conseil d'Administration ne peut à la fois exercer les mêmes fonctions dans un autre établissement public. Le Conseil d'Administration se réunit trimestriellement en séance ordinaire, sur convocation de son Président. Il peut être convoqué en séance extraordinaire par son président, sur un ordre du jour déterminé, à la demande du Ministre en charge du secteur d'activités concerné, chaque fois que l'intérêt de l'Etablissement l'exige.

2. *La Direction Générale*

La Direction Générale est l'organe de gestion de l'Etablissement public. Elle est assurée par un responsable, assisté éventuellement d'un Adjoint, tous nommés, relevés de leurs fonctions et, le cas échéant, révoqués par Ordonnance du Président de la République sur proposition du Gouvernement délibérée en Conseil des Ministres.

Les statuts propres à chaque Etablissement public déterminent les titres à conférer à ces responsables.

S'agissant de sa mission, il convient de mentionner que la Direction Générale exécute les décisions du Conseil d'administration, assure la gestion courante de l'établissement public, exécute le budget, élabore les états financiers de l'établissement public et dirige l'ensemble de ses services. Elle représente l'Etablissement public vis-à-vis des tiers.

A cet effet, elle a tous les pouvoirs nécessaires pour assurer la bonne marche de l'établissement public et pour agir en toute circonstance en son nom.

Les actions judiciaires tant en demande, qu'en défense sont introduites et/ou soutenues au nom de l'établissement par le responsable visé à l'article 12 de la présente Loi, à défaut, par son remplaçant ou par toute autre personne mandatée à cette fin par lui.

3. *Le Collège des Commissaires aux Comptes*

Composé de deux personnes issues de structures professionnelles distinctes et justifiant des connaissances techniques et professionnelles éprouvées, le Collège des Commissaires aux comptes assure le contrôle des opérations financières de l'Etablissement public.

Les Commissaires aux comptes sont nommés par décret du Premier Ministre, délibéré en Conseil des Ministres, sur proposition du Ministre du secteur d'activités concerné, pour un mandat de cinq ans non renouvelable.

Toutefois, ils peuvent être relevés de leurs fonctions, pour faute constatée dans l'exécution de leur mandat. Ils ne peuvent prendre individuellement aucune décision.

Ils ont, en collège ou séparément, un droit illimité de surveillance et de contrôle sur toutes les opérations de l'établissement public. A cet égard, ils ont mandat de vérifier les livres, la caisse, le portefeuille et les valeurs de l'établissement, de contrôler la régularité et la sincérité des inventaires et des états financiers ainsi que l'exactitude des informations données sur les comptes de l'établissement dans les rapports du Conseil d'Administration. Ils peuvent prendre connaissance, sans les déplacer, des livres, de la correspondance, des procès-verbaux et généralement de toutes les écritures de l'établissement.

Ils rédigent, à cet égard, un rapport annuel à l'attention du ministre en charge du secteur d'activités concerné.

Dans l'exercice de leurs missions les Commissaires aux comptes sont soumis aux mêmes conditions et aux mêmes incompatibilités que celles prévues pour les sociétés commerciales.

§ 4. ***La tutelle***[1]

L'Etablissement public est placé sous la tutelle du Ministre en charge du secteur d'activités concerné.

Les statuts de l'établissement public déterminent les matières sur lesquelles porte la tutelle ainsi que les mécanismes de son exercice.

Le Ministre de tutelle exerce son pouvoir de contrôle par voie d'approbation ou par voie d'autorisation.

Sont soumis à l'autorisation préalable :

- Les acquisitions et aliénations immobilières ;
- Les marchés de travaux et de fournitures d'un montant égal ou supérieur à 500.000.000 de FC ;
- Les emprunts à plus d'un an de terme ;
- Les prises et cessions de participations financières ;
- L'établissement d'agences et bureaux à l'étranger.

---

[1] Art. 25 à 29 de la loi n°08/009 du 07 juillet 2008.

L'autorité de tutelle reçoit, dans les conditions qu'elle fixe, copie des délibérations du Conseil d'administration.

Les délibérations et les décisions qu'elles entraînent ne sont exécutoires que dix jours francs après leur réception par l'autorité de tutelle qui a la possibilité de faire opposition à l'exécution de toute délibération ou décision qu'elle juge contraire à la loi, à l'intérêt général ou à l'intérêt particulier de l'établissement.

Lorsqu'elle fait opposition, elle notifie celle-ci par écrit au Président du Conseil d'administration ou au responsable de l'établissement public suivant le cas, et fait rapport au Premier Ministre.

Si le Premier Ministre n'a pas rejeté l'opposition dans le délai de quinze jours francs à dater de la réception du rapport dont question à l'alinéa précédent, l'opposition devient exécutoire.

Section 3. Le désengagement de l'Etat des entreprises du portefeuille

§1. *Exposé des motifs*[1]

La loi n° 08/008 du 07 juillet 2008 porte dispositions générales relatives au désengagement de l'Etat des entreprises de portefeuille.

---

[1] Exposé des motifs de la loi n°08/009 du 07 juillet 2008.

Le désengagement trouve sa justification dans l'option déjà levée par le Gouvernement de poursuivre la politique de libéralisation de l'économie nationale et, par conséquent, l'encouragement de l'initiative privée. L'accroissement de la richesse nationale passe précisément par le développement du secteur privé, la diversification des activités économiques et la compétitivité des entreprises.

Dans le secteur des entreprises publiques, en effet, l'option de libéralisation de l'économie et l'insuffisance de ressources ont conduit, l'Etat à revoir son rôle dans les secteurs productifs et marchands en vue de se consacrer davantage à sa mission de régulation. Aussi a-t-il arrêté la stratégie du désengagement basée sur la décision au cas par cas après redressement des entreprises concernées.

§2. ***Quelques définitions***[1]

- *Désengagement* : le processus par lequel l'Etat ou toute autre personne morale de droit public se retire partiellement ou totalement du capital social ou de la gestion d'une entreprise du portefeuille ou toute autre forme de partenariat public-privé mettant à contribution un ou plusieurs opérateurs privés dans le capital ou la gestion d'une entreprise du portefeuille de l'Etat[2].

[1] Art. 2 de la loi n°08/008 du 07 juillet 2008.

[2] Il s'agit en fait de la privatisation.

- *Entreprise du portefeuille de l'Etat* : toute société dans laquelle l'Etat ou toute personne morale de droit public détient la totalité du capital social ou une participation.

- *Entreprise publique* : toute entreprise du portefeuille de l'Etat dans laquelle l'Etat ou toute autre personne morale de droit public détient la totalité ou la majorité absolue du capital social.

- *Etat*, soit :

1. *Etat-agent économique*, dans sa forme globale comprenant le pouvoir central, la province et l'entité territoriale décentralisée, détenteur des titres, actions ou parts sociales.

2. *Etat-puissance publique*, autorité de régulation, comprenant le pouvoir central, la province et l'entité territoriale décentralisée.

- *Concession* : contrat par lequel une personne morale de droit public confie à une personne morale, de droit privé ou public, la gestion et/ou l'exploitation d'une infrastructure ou d'une activité contre le paiement d'une redevance et la prise en charge totale ou partielle des risques liés à l'investissement.

- *Action spécifique* : action que l'Etat actionnaire crée par transformation d'une action ordinaire qu'il détient dans le capital d'une entreprise du portefeuille dans le but de protéger les intérêts nationaux.

- *Offre publique de vente* : procédure par laquelle l'Etat actionnaire offre de vendre au public une quantité déterminée des titres qu'il détient dans une entreprise du portefeuille de l'Etat, aux prix et conditions de paiement qu'il fixe.

- *Offre publique d'échange* : opération par laquelle l'Etat actionnaire offre publiquement, pendant un certain délai et sous certaines conditions, d'échanger une quantité déterminée des titres qu'il détient dans une entreprise du portefeuille de l'Etat contre tout ou partie des titres d'une société donnée, de droit congolais ou de droit étranger.

- *Contrat de gestion* : contrat par lequel l'Etat ou toute autre personne morale de droit public confie à une personne physique ou morale de droit privé, la gestion de tout ou partie d'une entreprise du portefeuille de l'Etat moyennant rémunération.

- *Contrat de sous-traitance* : contrat par lequel une entreprise du portefeuille de l'Etat confie, sous sa responsabilité, à une personne physique ou morale de droit privé dite « sous-traitant », l'exécution d'une partie de ses tâches moyennant rémunération.

- *Actions non diluables* : quotité d'actions qui permet à l'Etat de garder le même pourcentage de sa participation au capital social d'une société quelle que soit toute augmentation ultérieure du capital.

§ 3. *Conditions du désengagement*[1]

Le désengagement est soumis aux préalables suivants:

1. L'évaluation du patrimoine de l'entreprise concernée et les modalités de sa valorisation ;

2. La détermination des secteurs stratégiques et de la part du capital que l'Etat entend conserver sous forme d'actions spécifiques et/ou d'actions non diluables[2].

3. La sauvegarde des intérêts de l'Etat par la recherche des conditions les plus avantageuses ;

4. La promotion de l'entreprenariat national et des intérêts des communautés locales ;

5. Les droits du personnel et tous autres aspects sociaux ;

6. La suppression du monopole et l'interdiction d'abus de position dominante ;

7. La diversification et la rentabilisation du portefeuille de l'Etat à court, moyen et long terme en profitant des opportunités qu'offre le marché ;

8. Le redressement de l'entreprise concernée.

---

[1] Art. 3 de la loi n° 08/008 du 07 juillet 2008.

[2] Actions non diluables : La clause d'anti-diluation en droit de l'OHADA signifie que les actionnaires membres d'une SAS (Société par Actions Simplifiée) bénéficient d'un droit de priorité de souscription lors de toute nouvelle recherche de financement (levée de fonds par exemple). C'est une clause servant à protéger les actionnaires.

§ 4. ***Modalités du désengagement***[1]

Le désengagement s'effectue selon l'une des modalités ci-après :

1. La cession à titre onéreux au profit d'une ou plusieurs personnes physiques et/ou morales de droit privé, de la propriété de tout ou partie des actifs ou de tout ou partie du capital social d'une entreprise du portefeuille de l'Etat ;

2. La renonciation volontaire, dans le délai imparti, à la souscription aux augmentations jugées vitales et indispensables du capital, décidées par l'organe délibérant compétent ;

3. Le transfert à une ou plusieurs personnes physiques et/ou morales de droit privé, de la gestion des entreprises du portefeuille de l'Etat ;

4. Toute autre forme de partenariat public-privé mettant à contribution l'initiative privée dans le capital et/ou la gestion de l'entreprise.

Le désengagement peut s'étendre à l'ensemble des entreprises du portefeuille de l'Etat. Il est décidé par décret du Premier Ministre délibéré en Conseil des Ministres.

Sur proposition conjointe du Ministère ayant le portefeuille de l'Etat dans ses attributions et de celui en charge du secteur d'activités concerné, le

[1] Art. 4 à 9 de la loi n°08/008 du 07 juillet 2008.

Gouvernement détermine, dans chaque cas, le mode de désengagement envisagé.

Le désengagement sans transfert de propriété revêt notamment l'une des formes suivantes :

1. La concession ;
2. Le contrat de gestion ;
3. La sous-traitance.

Les conditions de transfert de propriété ou de gestion des entreprises du portefeuille de l'Etat sont spécifiées dans un cahier des charges propre à chaque opération.

§ 5. ***L'exécution du désengagement***[1]

La gestion du processus de désengagement est assurée, sous l'autorité et la responsabilité du Ministre ayant le portefeuille de l'Etat dans ses attributions, par un organe technique.

L'organe technique a notamment pour tâche de (d') :

1. Elaborer le cahier des charges propre à chaque opération et le soumettre à l'appréciation du Ministre ayant le portefeuille de l'Etat dans ses attributions pour approbation par le Gouvernement;

2. Faire procéder à une évaluation préalable des entreprises identiques par des experts indépendants ;

---

[1] Art. 10 à 12 de la loi n°08/008 du 07 juillet 2008.

3. Proposer le mode de partenariat public-privé ou de désengagement à retenir pour chaque entreprise publique identifiée ;

4. Etablir et publier les avis prévus à l'article 13 de la présente Loi ;

5. Rédiger le rapport indiquant, le cas échéant, les raisons pour lesquelles une procédure exceptionnelle de cession de gré à gré est envisagée conformément à l'article 20 de la présente Loi ;

6. Proposer la liste des entreprises identifiées pour le désengagement et un calendrier de réalisation;

7. Définir les procédures de présélection et d'enregistrement des soumissionnaires, des offres publiques et des adjudications et en déterminer les délais et les règles de publicité.

§ 6. *Procédure de mise en œuvre du désengagement*[1]

Préalablement à toute opération de désengagement, le ministre ayant le portefeuille de l'Etat dans ses attributions, publie un avis au Journal Officiel et dans au moins trois organes de presse en vue d'en assurer une large publicité.

Cet avis indique, outre le nom, le capital, le siège social de l'entreprise concernée, les résultats

[1] Art. 13 à 23 de la loi n°08/008 du 07 juillet 2008.

d'exploitation des trois dernières années, les éléments d'actif, le délai de soumission des offres ainsi que les conditions particulières de cession.

L'organe technique met à la disposition des soumissionnaires intéressés un cahier de charges définissant notamment les conditions techniques, juridiques, financières et sociales de la cession.

Le désengagement par cession de titres au moyen d'appel au public s'effectue par l'offre publique de vente ou l'offre publique d'échange.

Les offres présentées par les soumissionnaires sont adressées à l'organe technique prévu à l'article 10 de la présente Loi.

L'ouverture et l'analyse des plis sont effectuées par une commission ad hoc présidée par cet organe et composée notamment d'un représentant du Ministère ayant le portefeuille de l'Etat dans ses attributions, d'un représentant du ministère en charge du secteur d'activités concerné, d'un représentant de l'entreprise objet du désengagement et d'un représentant du personnel.

Tous les soumissionnaires sont informés du lieu, de la date et de l'heure de l'ouverture des plis et ont le droit d'y assister ou de se faire représenter.

Section 3. L'organisation et la gestion du portefeuille de l'Etat

Les règles régissant l'organisation et la gestion du portefeuille de l'Etat sont fixées par la loi n° 08/10 du 07 juillet 2008. Cette loi définit en effet le contenu et l'organisation du portefeuille de l'Etat, fixe les statuts de l'entreprise du portefeuille de l'Etat, de la nouvelle entreprise publique et détermine la représentation de l'Etat actionnaire ainsi que la prise, le maintien ou l'augmentation des participations de l'Etat.

§ 1. *Quelques définitions*[1]

- *Entreprise du portefeuille* : toute société dans laquelle l'Etat ou toute personne morale de droit public détient la totalité des actions ou une participation ;

- *Entreprise publique* : toute entreprise du portefeuille de l'Etat dans laquelle l'Etat ou toute personne morale de droit public détient la totalité ou la majorité absolue des actions ou parts sociales.

§ 2. *Contenu du portefeuille de l'Etat*[2]

Le portefeuille de l'Etat comprend les actions, les obligations, les parts sociales et les autres droits

---

[1] Art. 3 de la loi n°08/010 du 07 juillet 2008.

[2] Art. 2 de la loi n°08/008 du 07 juillet 2008.

détenus par l'Etat ou toute personne morale de droit public, dans les sociétés de droit congolais ou de droit étranger ainsi que dans les organismes internationaux à caractère économique et financier dont la République Démocratique du Congo est membre.

§3. *Organisation, Administration et Gestion du portefeuille*[1]

Les entreprises du portefeuille de l'Etat sont régies par le droit commun et prennent l'une des formes prévues par le Droit de l'OHADA.

Les actions, les parts sociales et les autres titres revenant à l'Etat sont nominatifs et émis en son nom.

L'Etat peut prendre des participations et/ou autres droits dans les sociétés commerciales en contrepartie des concessions leur octroyées ou par l'achat des actions, la conversion des créances ou l'obtention des actions de jouissance.

Il peut prendre des participations dans les organismes internationaux à caractères économiques et financiers par son adhésion.

La prise, le maintien ou l'augmentation des participants de l'Etat dans une entreprise du portefeuille de l'Etat se fonde sur :

---

[1] Art. 4 à 8 de la loi du 08/008 du 07 juillet 2008.

- Le caractère stratégique du secteur d'activités concerné ;
- Le besoin d'intégration et de développement économiques ;
- La rentabilité du capital, actions ou titres ;
- Le besoin d'atténuation du risque d'investissement par la diversification des participations ou des placements;
- L'absence ou l'insuffisance d'intérêt du privé dans le secteur ;
- Tout autre impératif d'intérêt public porté par l'activité considérée.

L'Administration et la gestion du portefeuille de l'Etat sont assurées par le Ministre ayant le portefeuille dans ses attributions.

§4. ***Revenus du portefeuille de l'Etat***

Les revenus du portefeuille de l'Etat sont notamment :

- Les dividendes décrétés ;
- Les remboursements du capital investi ;
- Le produit de la cession des titres ;
- Le produit de liquidation d'une entreprise du portefeuille de l'Etat ;
- Les revenus générés par d'autres droits.

Ces revenus sont logés à la rubrique « recettes des participations » du Budget de l'Etat, exceptée la quotité des recettes prévues à l'article 25, alinéa 2 de la Loi portant dispositions générales relatives au désengagement de l'Etat des entreprises du portefeuille[1].

§ 5. ***Représentation de l'Etat dans les entreprises du portefeuille***[2]

Les représentants de l'Etat dans les entreprises du portefeuille sont des mandataires publics actifs ou non actifs.

Le mandataire public actif est celui qui participe à la gestion courante de l'entreprise[3].

---

[1] Les recettes provenant du désengagement sont versées dans un compte spécial du trésor, excepté une quotité fixée au cas par cas par le gouvernement sur proposition conjointe des ministres des Finances, du Budget, et du Portefeuille, pour alimenter le « fonds spécial du portefeuille ».

[2] Art. 24 de la loi n°08/008 du 07 juillet 2008.

[3] Toutefois depuis la prise de la loi relative au désengagement, les représentants de l'Etat dans les entreprises du portefeuille sont nommés par le gouvernement et non selon les prescrits du droit de l'OHADA. Et ces entreprises fonctionnent sous l'emprise du Ministère du portefeuille comme au beau vieux temps.

CHAPITRE IV

L'AVENIR DE L'INTERVENTIONNISME DE L'ETAT EN MATIERE ECONOMIQUE

Introduction

La privatisation ou le désengagement est devenue, il est vrai, un « fait de civilisation ». Elle est véhiculée par les organismes internationaux dans le cadre de la mondialisation des affaires qui doit s'accompagner de la libéralisation des échanges. Elle a également un caractère idéologique et politique dans la mesure où elle évolue au rythme de la montée au pouvoir des régimes de droite (l'Amérique de Reagan, ou de Trump, la France de Chirac) ou de gauche (l'Amérique de Clinton ou la France de Hollande).

Delpérée parle ainsi du mouvement de balancier: « Comment ne pas admettre que, dans ce contexte, il n'y ait pas place non plus pour un mouvement de balancier qui conduirait au gré des fortunes électorales de la privatisation à la nationalisation ou de la reprivatisation à la renationalisation et ainsi de suite »[1].

Ainsi, il serait utopique, au regard de l'évolution de cette situation dans le monde, de s'imaginer qu'on va assister à l'arrêt de l'interventionnisme de l'Etat ou

[1] Delpérée (F), *op. cit.*, p. 44.

à la liquidation pure et simple de toutes les entreprises publiques. Les gouvernements doivent ainsi éviter de chercher à se débarrasser de leurs obligations vis-à-vis de la population pour les faire endosser au secteur privé.

Bertrand Bellon, Guy Caire, Lysiane Cartelier et al se moquent ainsi des pays de l'Est : « On ne peut montrer combien les pays d'Europe de l'Est sont prisonniers d'une illusion lorsqu'ils pensent pouvoir construire une économie sans Etat: l'utopie de la main invisible se substitue à l'utopie de la main visible »[1]. C'est cette illusion ou cette désillusion qui aura été à la base pour un temps certes, de l'arrivée au pouvoir en Bulgarie et en Pologne des régimes procommunistes et de la montée en puissance du parti communiste en Russie.

S'agissant de la RDC, nous avons la nette conviction que la situation économique va évoluer dans un contexte caractérisé par un partenariat entre l'interventionnisme de l'Etat et la privatisation. L'Etat ne va pas être purement et simplement écarté du jeu du marché pour les raisons reprises ci-dessous :

Section 1 : La crise économique

Il a été précisé ci-haut que l'interventionnisme de l'Etat par la création des entreprises publiques et les

---

[1] Bellon (Bertrand), Caire (Guy), Cartelier (Lysiane) et al., *L'Etat et le Marché*, Addis et Economica., 1994, p. 17.

nationalisations s'est fait sous la poussée des crises économiques et des guerres. Or, la RDC se trouve plongée depuis des décennies dans une crise économique sans pareille accentuée depuis le début de l'année 2020 par l'apparition de la pandémie Covid-19. Face à une telle situation, l'Etat ne peut pas se désengager totalement et abandonner les citoyens au secteur privé. Ce dernier n'a pas encore montré son entière capacité d'être une alternative valable et exhaustive de l'Etat face au marché. Dans un contexte de crise, l'Etat constitue la seule force à même de protéger les citoyens contre les excès du marché.

Les dix-huit universitaires et chercheurs rédacteurs de l'ouvrage L'Etat et le marché, tirent la conclusion suivante de leurs travaux de recherche : « L'action de l'Etat interfère avec le marché. L'action la plus radicale consiste, pour lui, à se substituer au marché, et ceci de plusieurs manières. Il le fait, tout d'abord, lorsqu'il détermine les prix ou les rémunérations. L'Etat peut ainsi remplacer le marché, en devenant un acteur prépondérant et, en tout premier lieu, grâce à une position dominante en matière d'offre, qu'il s'agisse concrètement du mode de fonctionnement des services publics ou, de manière abstraite, de la propriété publique en général. De manière synthétique, l'Etat joue un rôle essentiel du côté de la demande, par le biais des marchés publics, ce qui renvoie à une situation de monopsone[1] : l'Etat peut « alors influer sur la demande, sur les fonctions de production et sur les conditions de rentabilité des entreprises. L'Etat peut enfin exercer une influence plus indirecte sur le marché soit en fixant les règles du jeu, soit en incitant les acteurs à agir dans un sens déterminé. Le rôle de l'Etat comme instituteur des règles est présent tout au long du livre et son rôle incitateur est évoqué à plusieurs reprises, au niveau des politiques de santé, des politiques industrielles ou des politiques de recherche-développement »[2].

Section 2 : L'opinion publique

De plus en plus, il existe en RDC une opinion publique exigeante. La presse a été libéralisée, sans parler des réseaux sociaux. Les gens n'hésitent pas à monter au créneau pour présenter une série des revendications à caractères social, économique, culturel et autres à l'Etat. On ne saurait imaginer un Etat insensible face à ces revendications provenant des gens dont la plupart sont pauvres. Ainsi, la pauvreté des citoyens concrétisée par leurs bas revenus poussera toujours l'Etat à affirmer son interventionnisme dans la vie économique.

---

[1] Monopsone : est un marché sur lequel un seul demandeur se trouve face à un nombre important d'offreurs. C'est la situation symétrique à celle du monopole dans lequel un seul offreur fait face à de nombreux demandeurs (https//fr.m.wikipedia.org).

[2] Bellon (Bertrand), Caire (Guy) et al., *op. cit.*, p.17.

Au-delà de la pauvreté, il convient de souligner l'attitude réfractaire de l'opinion publique puisant ses fondements dans les tribulations qui ont caractérisé la zaïrianisation ou dans l'enrichissement considéré comme illicite de certains cadres et dirigeants politiques. Au regard de tout ceci, la politique de privatisation devra tout d'abord être largement expliquée, ensuite conduite de manière progressive en ayant à l'esprit que tout ne peut être privatisé à la fois.

Section 3 : Les services publics

Certaines entreprises publiques devront continuer à fonctionner autour de l'idée du service public. Ce qui est ainsi poursuivi, c'est la recherche de l'intérêt général au détriment des intérêts particuliers et égoïstes des individus ou de certains groupes d'individus. En fonction de l'analyse de la situation concrète de la RDC, aujourd'hui et demain, l'Etat va toujours désigner certains secteurs comme relevant de la notion des services publics et à gérer par les Entreprises Publiques en vue de garantir l'égalité d'accès de tous à ces services, la liberté, la fraternité et l'épanouissement d'un plus grand nombre.

Cette vision du service public est défendue ainsi par Baudy et Boual : « sur cette base se développe l'idéologie de service public. L'Etat est érigé en tuteur de la collectivité et en protecteur de chacun. Il bénéficie du triple postulat de bienveillance, d'omniscience et d'infaillibilité. La gestion publique est conçue comme supérieure à la gestion privée, tant elle est entièrement tournée vers la satisfaction des besoins collectifs, mue par l'altruisme et le désintéressement, au lieu d'avoir pour finalité la recherche du profit. En même temps, la gestion publique est conçue comme la plus efficace socialement : les services publics sont les mieux capables de présenter et de garantir les intérêts des administrés, tout en œuvrant pour la réduction des inégalités sociales »[1].

Cependant, les mêmes auteurs tentent de relativiser cette notion au regard des réalités de l'heure : « même si l'Etat-Providence continue de bénéficier d'une image positive et si les individus et groupes sociaux maintiennent de fréquentes demandes de protection à l'égard de l'Etat et des services publics, on assiste au développement des rejets des contraintes administratives, de grandes institutions centralisées et à une tentative de redéploiement de la société civile. Les usagers des services publics sont porteurs de nouvelles exigences de services, de qualité, de satisfaction de la diversité de leurs demandes et aspirations, de réponses à leurs besoins spécifiques, de services de proximité, d'expression et de reconnaissance »[2].

---

[1] Baudy (P) et Boual (J.C), « Les services publics entre l'Etat et le marché », in *L'Etat et le marché*, Adis/Economia, 1995, p. 134.

[2] Baudy (P) et Boual (J.C), *idem*, p. 38.

Section 4 : Les marchés de l'Etat

Un Etat financièrement prospère n'est pas une mauvaise chose en soi. Les privés se trouvant dans les pays à économie développée sont les premiers bénéficiaires de l'action économique de l'Etat. Les marchés publics de l'Etat attribués aux privés constituent un outil incitatif et de relance par excellence du secteur privé. S'ils sont bien organisés et lancés suivant la procédure d'appel d'offres, les marchés publics constituent un domaine important de partenariat entre l'Etat et le secteur privé.

Section 5 : L'exemple des autres

Véhiculée à la faveur des Politiques d'Ajustement Structurel (PAS) du Fonds Monétaire International, la privatisation est en passe de devenir à la mode. Au Nord, la majorité des pays en ont fait leur cheval de bataille dans le combat pour le développement. De nombreux pays du Sud leur ont emboîté le pas. Toutefois, l'analyse de la situation de manière froide et sans passion démontre que dans certains pays, et même là où le libéralisme est considéré comme la doctrine économique dominante, le secteur public est encore très enraciné pour ne pas dire très florissant. Il y a des pays qui refusent de privatiser parce qu'ils n'avaient pas nationalisé[1].

Mouhamadou Deme affirme que les Etats restent attachés à la survie de leurs entreprises publiques et ne sont pas enclins à les transférer au secteur privé. C'est contre cette conception que luttent les organisations internationales qui veulent faire exploser le système, dont l'une des principales conséquences est de stériliser les économies africaines. L'Afrique a ses propres spécificités qui se présentent concrètement dans bien des cas comme des facteurs de résistance à un développement assis sur le vouloir libéral nationalement assumé. En effet, l'économie de marché suppose un marché, ce que n'est pas l'Etat africain. L'économie de marché suppose aussi une logique d'entreprise antinomique aux paramètres sociaux actuels. On se trouve ainsi en face des réalités asymétriques d'une économie qui risque de s'avérer impossible, sans structures et comportements radicalement différents dans l'ordre interne et externe des Etats africains[2].

---

[1] Delpérée (*op. cit.*, pp. 13-I-1) renseigne que le débat sur la privatisation en Belgique ne porte pas, ce pays ne s'estimant non concerné étant donné qu'il n'avait pas nationalisé.

[2] Mouhamadou Deme, « La privatisation une solution pour l'Afrique ? » in *Revues politiques et management public*, vol. 1, n°2, cahier 2, 19, p. 121.

Tableau n° 1 : L'Etat providence et acteur du marché

Etat providence	Etat régulateur (Politique de stabilisation macro-économique)	*Objectifs* - Croissance - Emplois - Stabilité des prix - Equilibre extérieur
		Moyens - Politique budgétaire - Politique monétaire - Politique de change
	Etat producteur	- Production publique - Infrastructures
	Politique sociale	- Politique sociale - Système de santé - Education
Etat acteur du marché	*1. Dans le Marché* (Politiques Industrielles, technologiques et sociales) - Production publique - Demande publique - Action sur la demande et l'offre privée	- Marché des produits - Marché du travail - Marché du capital - Marché spécifique
	2. Sur le marché - Définition des règles - Incitations - Informations	- Définition des règles - Incitations - Informations

Source : Bellon (Bertrand) et al., *op. cit.*, p. 18.

Tableau n° 2 : La diversité structurelle et la convergence récente des politiques industrielles

Etats-Unis :

- Un budget d'armement et des commandes publiques toujours dominant et en réaffectation.
- Des interventions multiformes des Etats particuliers.
- Le rôle des Universités comme promoteurs de centres d'excellence.

Le poids des aides indirectes (fiscales, commerciales, antitrust et réglementaires).

- Un partenariat multiforme entre institutions for profit et non for profit.

Récemment (dernière vague en 1992) : renouveau du débat sur la politique industrielle et réglementaire, sur le recyclage des « dollars fédéraux » et utilisation plus explicite des dépenses publiques ; réorientation partielle des budgets liés au complexe militaro-industriel ; multiplication des arrangements bilatéraux, essentiellement avec le Japon ; relance de l'aide à la recherche précompétitive.

Japon :

- Un débat permanent et sans concession sur les politiques industrielles.
- Les interventions systématiques du MITI déclinent mais surtout se transforment.
- Un marché intérieur à la fois très protégé et très concurrentiel.
- Des relations sociales centrées autour de la productivité et de la qualité.
- Une épargne privée abondante rendant secondaires les mesures strictement financières. Récemment (1991-1993) : ouverture timide par des aides à l'importation et à la promotion des investissements étrangers au Japon.

France :

- Des grands projets nationaux ou européens : Téléphone, Mercure (1968), Airbus (1969), Nucléaire (1970), Ariane (1973), Surgénérateurs (1974), T.G.V. (1977).
- Des « champions nationaux » : Renault, Thomson, CGE.
- Des grands plans de restructuration : sidérurgie, chantiers navals, bois, papier carton, machines-outils, textile ...
- Des nationalisations-dénationalisations.
- Le poids de la recherche militaire et des recherches publiques. Récemment (1984-91) : abandon relatif de grands projets, des champions nationaux, des interventions sur les prix et le secteur financier, au profit d'aides plus provincialisées, des politiques PME et du soutien croissant aux activités en création et à l'investissement immatériel.

Allemagne :

- Des relations entreprises-Etat-banques très structurées.
- Des politiques de normalisation offensives et défensives.
- Les interventions des Lander multiformes.
- Une organisation méticuleuse de la politique de RIO.
- L'aide systématique au financement des PMI Récemment (1990) : aide à l'ajustement de l'économie de nouveaux Lander, privatisations, restructurations, mesures sociales d'ajustement du marché du travail.

Grande-Bretagne :

- En principe pas de politique industrielle depuis 1979 : pays le plus « libéral » de l'OCDE.
- Forte politique technologique pré-concurrentielle. Fortes dépenses militaires en RIO.
- Politiques de dénationalisation et de suppression des subventions ; déréglementation.

- Politiques en faveur des PME, de la formation et des services consultatifs. Récemment (1985-88) : renouveau de la politique antitrust et diminution des aides provinciales et aides directes ; ciblage de l'attraction des IDE vers des industries à haute valeur ajoutée.

Italie :

- Le rôle majeur de grandes entreprises nationales.
- Des opérations lourdes d'aménagement du territoire.
- Une politique socio-industrielle des transferts sociaux.
- Forte politique de développement provincial.
- Incitations et facilités multiples pour les PME. Récemment (1992) : nouvelle attention portée au fonctionnement du marché ; développement des centres de services ; de la politique technologique et nouvelle politique provinciale ; mouvement chaotique mais structurel de libéralisation des 3 holdings publics.

Canada :

- La compétitivité industrielle comme enjeu national.
- Gestion stratégique de l'espace et de l'énergie.
- Ensemble de politiques horizontales en matière d'innovation, de diffusion de technologie et de services consultatifs.
- Efforts pour rattraper le retard en ressources humaines. Récemment : libéralisation des échanges, en particulier dans le cadre du NAFT A, mais également entre les Provinces.

Communauté Européenne :

- Fonds social destiné à faciliter les restructurations industrielles.
- Aide structurelle à la création de réseaux transeuropéens en énergie, télécommunications et transports.

- Mesures sectorielles en électronique, biotechnologies, informatique, textiles, habillement, industries maritimes, automobile.

- Politique forte et diversifiée en matière de formation et de R/D européennes.

- Dispositions permettant aux Etats de prendre des mesures destinées à atteindre les objectifs de la communauté (coopération interentreprises, PME, environnement, RIO).

Source : Bellon (Bertrand), « L'Etat et l'entreprise », in *L'Etat et le Marché*, op. cit., pp. 151-152.

Tableau n° 3 : Evolution en valeur relative des programmes de soutien public à l'industrie dans les pays de l'OCDE, 1986-1989 (Répartition en %, entre les différents domaines d'intervention rapporté au coût net total pour l'Etat)

Objectifs	Année			
	1986	1987	1988	1989
Investissement général	54,7	37	36,6	28,3
Développement Provincial	13,7	17,2	17,8	17,8
R & D	9	10,9	9,4	11,5
Exportation	8,4	15,2	16,4	19,9
Programmes sectoriels	5,9	9,2	8,6	7,7
PME	3,3	4,6	4,8	5,2
Emploi et formation	2,6	2,9	5,4	3,8
Entreprises en difficulté	2,4	2,9	1,1	1,3
Total	100	100	100	100

Source : OCDE, Banque de données sur les aides à l'industrie, 03/1992, cité par Milelli (Christian), « Politique industrielle et globalisation », in *L'Etat et le marché*, op. cit.

CHAPITRE V

LE PARTENARIAT PUBLIC- PRIVE

a) Avant-propos

D'aucuns cherchent à voir dans les rapports entre l'Etat et le secteur privé l'antagonisme et la conflictualité. Il est vrai que l'Etat est guidé dans sa démarche par l'intérêt général de la population tandis que le privé, lui, n'est guidé que par la recherche du lucre ou de son intérêt personnel.

Dans la pratique cependant, les choses ne sont pas aussi simples et aussi caricaturales. Tout d'abord, qu'est-ce que l'intérêt général sinon une juxtaposition des intérêts particuliers qui forment l'ensemble de la communauté nationale ? Par conséquent, il serait inconcevable d'envisager l'Etat en dehors de cette somme d'intérêts privés.

L'Etat se doit donc d'œuvrer en vue de l'épanouissement de la majorité de ces intérêts particuliers. Si tel n'est pas le cas, on risquerait de voir un fossé se creuser entre l'Etat et la communauté nationale. Ainsi, l'Etat doit créer au pays des conditions pouvant favoriser la liberté, l'esprit de créativité, de recherche et d'innovation.

Quant aux privés, leur intérêt personnel peut aller de pair avec l'intérêt général de la population. Dans la recherche de leur bonheur, les privés créent l'emploi, mettent sur pieds des structures pouvant assurer la couverture sociale des populations, participent à l'augmentation des richesses de la nation, lancent des programmes destinés à la recherche et à l'innovation, etc. Ici, l'intérêt privé rejoint l'intérêt national.

Au bout du compte, les rapports entre l'Etat et les privés doivent être envisagés comme ceux de partenariat basés sur la concertation, l'entente mutuelle et le contrat car, la finalité de l'action de l'Etat et des privés est la même. Les deux voguent, si on peut dire, dans un même bateau. Ainsi, l'Etat et les privés doivent en permanence communiquer, dialoguer en vue de trouver les règles du jeu acceptables pouvant sécuriser les uns et les autres, qui peuvent ainsi être érigées en principes sur la privatisation et la libéralisation en RDC.

Le partenariat public et privé s'intègre parfaitement dans le processus de privatisation et libéralisation, pour une amélioration sensible de l'environnement économique au pays, ainsi qui la création des richesses durables.

b) Introduction

La loi n° 18/016 du 9 juillet 2018 a mis en place en RDC un cadre juridique sur le Partenariat Public-Privé (PPP) et la Délégation de Services Publics (DSP).

Tous les pays dans le monde cherchent en effet à booster leurs économies en vue de répondre aux attentes, toujours croissantes, de leurs populations. Pour cela, il faut construire de grandes infrastructures, des ouvrages et bâtiments (autoroutes, métros, ports, aéroports, hôpitaux, universités, centrales électriques, stades, etc.) nécessaires à l'intérêt général et se situant dans le contexte de ce qu'il convient d'appeler « le service public ».

Or, on assiste depuis un certain temps à la raréfaction des ressources à caractère bilatéral ou multilatéral dans le monde.

Aussi, des pays comme les USA, le Canada, ceux d'Amérique du Sud, d'Asie, d'Europe et d'Afrique (Sénégal, Côte d'Ivoire) recourent-ils au mécanisme de PPP et DSP pour mobiliser les fonds nécessaires auxdits besoins.

Les privés disposent en effet de nombreuses ressources financières pouvant être placées dans des projets bancables, pourvu qu'il y ait un engagement clair et irrévocable de l'Etat ou de la personne publique pour un tel partenariat.

Déjà au lendemain de la conférence de Berlin (1885), Léopold II a dû recourir au partenariat des privés, au travers de ce qu'il avait appelé « les Sociétés à Charte », dotées des prérogatives de puissance publique, et ayant la mission de développer des infrastructures et différents projets dans divers secteurs à travers le pays.

Normalement, la personne publique (Etat, ville, province, entité-territoriale décentralisée), détentrice de la maîtrise d'ouvrage publique (MOP)[1], recourt généralement au mécanisme traditionnel de Marchés Publics. Il existe pour ce faire un Code des Marchés Publics en RDC.

Il s'avère malheureusement que ladite personne publique ne dispose pas toujours de moyens d'action suffisants pour réaliser ses projets dans le cadre des Marchés Publics. Aussi, chaque année, c'est une portion insignifiante du Budget d'Investissement de la personne publique qui est exécutée.

D'où il faut recourir à l'expertise et aux ressources des compagnies privées en leur transférant la maîtrise des ouvrages publics, de façon à leur permettre de concevoir, réaliser, exploiter et assurer la maintenance desdits ouvrages.

Le présent chapitre nous permettra d'expliciter tant soit peu le concept de PPP.[2]

---

[1] A qui appartient constitutionnellement cet ouvrage et qui par conséquent doit définir la commande publique, la réaliser, l'exploiter et en tirer les fruits.

[2] Du 27 mai au 7 juin 2019, nous avons pris part, à Paris, à un Séminaire du CIFOPE (Centre International de formation pour le développement) portant sur le partenariat public-privé. La quintessence du présent chapitre porte sur la matière y apprise.

Section 1. Typologie

Il existe 3 grandes familles de contrats de PPP. Il s'agit de :

- PPP concessifs : Concession, affermage et régie intéressée ;
- Contrat de partenariat ;
- PPP locatifs.

Section 2. Définitions

§ 1. *PPP concessifs*

1. *La concession* est un contrat par lequel une personne publique délègue à une personne privée la maîtrise d'ouvrage lui permettant d'assurer la conception, le financement, la construction, l'exploitation et la maintenance d'un ouvrage d'intérêt général, à ses risques et périls. Elle (la personne privée) se rémunère sur les usagers et doit restituer ledit ouvrage à la personne publique à la fin de la période prévue.

Autrement appelé CET ou BOT, ce contrat peut être utilisé pour la construction des autoroutes à péage, chemins de fer, trains à grande vitesse, etc.

2. *L'affermage* par contre est le contrat par lequel la personne publique transfère à un délégataire ou fermier un ouvrage préexistant, en vue d'en assurer l'entretien et l'exploitation voire le renouvellement et

la construction. Il est rémunéré par les usagers, mais doit verser une redevance à la personne publique.

3. Dans la Régie intéressée, *le délégataire ou Régisseur* ne réalise pas les travaux de premier investissement. Il exploite l'ouvrage appartenant à la personne publique, encaisse de l'argent sur les usagers, qu'il reverse en totalité à la personne publique, laquelle lui attribue une rémunération.

§ 2. ***Le contrat de partenariat*** (CP)[1]

C'est celui dans lequel la MOP est transférée à une personne privée, afin que celle-ci apporte le financement et assure la conception, la construction, l'exploitation et la maintenance de l'ouvrage ou des travaux, le tout devant être restitué à la personne publique après une période qui peut aller jusqu'à 30 ans. Ex. : Construction du Stade de France ou de l'Université Diderot en France.

Dans ce contrat, dès que l'ouvrage est remis à la personne publique, celle-ci commence à payer des loyers au partenaire privé et cela peut aller jusqu'à 30 ans.

Aussi on considère que lesdits marchés s'apparentent à l'endettement public et doivent figurer à la loi des finances de l'année au même titre que d'autres dettes de l'Etat.

---

[1] Autrement appelé « contrat de la famille des marchés publics » ou « contrat de paiement disponible ».

§3. ***Au titre des contrats locatifs***

Citons ici le Bail Emphytéotique hospitalier, le Bail Emphytéotique administratif et l'Autorisation d'occupation temporaire du domaine public, qui permettent d'occuper, pour une période déterminée et contre paiement d'un loyer, un bien immobilier du domaine public, à charge pour la personne privée de construire ou valoriser ce bien.

Section 3. L'appel d'offres

L'appel d'offres est indispensable, voire obligatoire dans le cadre du PPP. Sa procédure débute normalement par une évaluation préalable. L'objectif de ladite évaluation est de produire un bilan favorable au PPP après un exposé des motifs économiques, financiers, juridiques et administratifs.

Il faut en effet comparer coûts et avantages du PPP par rapport au marché public.

Ensuite comparer le PPP de référence avec les autres possibilités de PPP, en vue d'écarter les montages non opportuns.

Pour un marché d'éclairage public par exemple, il convient d'écarter la possibilité de recourir au PPP et d'opter pour le marché public classique[1].

---

[1] Il n’est pas en effet possible dans ce type de marché, de se faire rémunérer sur les usagers. Par contre, dans un contrat d’enlèvement des immondices, on peut se faire payer par les

Il en est de même pour l'identification de la population à moins de disposer d'une possibilité crédible de rémunérer le partenaire privé.

Cette évaluation doit permettre d'établir que la complexité du projet (technique, financière et juridique) et l'urgence pour rattraper un retard préjudiciable à l'intérêt général dans la réalisation d'équipements collectifs, plaide plutôt en faveur du PPP.

L'appel d'offres proprement dit est un processus qui doit être transparent, intègre et garantissant l'égalité de traitement entre tous les soumissionnaires. Il doit permettre de choisir l'offre économiquement la plus avantageuse.

Sa procédure est basée sur :

- L'identification du projet (Cf. L'existence d'une étude de faisabilité) ;
- La pré-qualification et la sélection des groupements soumissionnaires ;
- La préparation de la première offre ;
- Le déroulement du dialogue compétitif ;
- Et la conclusion du contrat.

Les pièces de la consultation comprennent :

- L'avis de pré-qualification ;

---

usagers (redevance à insérer dans la facture d'eau ou d'électricité).

- Le programme fonctionnel : document qui explique les attentes et besoins de la personne publique ;

- Le règlement de la consultation : règles à suivre par les soumissionnaires dans le cadre dudit appel d'offres ;

- La matrice des risques et leur répartition entre la personne publique et le privé ;

- Le projet de contrat.

Etant donné l'importance de ce contrat à signer avec des compagnies disposant d'une grande expérience en la matière et ses conséquences sur les générations futures, la personne publique doit s'entourer de grands spécialistes pour sa rédaction.

Ledit contrat devra contenir des clauses facilitant le suivi effectif de l'exécution du projet, confiant à la personne publique des moyens coercitifs efficaces pour contraindre le privé à respecter ses clauses, et prévoyant le partage des gains en phase d'exécution.

Section 4. Montage juridique

Les opérateurs répondant à des consultations de type PPP devront créer localement une société de projet dont la forme est généralement la SAS (Société par Actions Simplifiée). Un pourcentage des actions de ladite société (par exemple 20 %) devra être réservé aux entreprises locales.

Un autre pourcentage (par exemple 10 - 20 %) devra être réservé aux sous-traitants locaux devant intervenir sur le terrain particulièrement aux niveaux de la conception, la construction ou de l'exploitation-maintenance.

L'essentiel des risques de construction ou d'exploitation est transféré à ce groupement en toute transparence selon la technique appelée « back to back ».

Conformément à cette technique, tous les engagements pris vis-à-vis de la personne publique doivent être répercutés aux Sociétés opératrices de terrain. Cependant, le titulaire du contrat demeure juridiquement responsable de l'exécution de ses missions.

L'autre technique évoquée à cet effet (*If and When*) signifie que pour réclamer des dommages et intérêts aux compagnies chargées de l'exécution du projet sur terrain, il faut que la personne publique vous les ait réclamés.

Section 5. De la répartition des risques

Chaque phase du contrat PPP comporte des risques. Ces derniers doivent être partagés entre la personne publique et le privé en fonction de la capacité de chacun de les porter, de l'aversion des parties à chaque type de risques, de la volonté politique et des opportunités que représentent les risques.

Les risques doivent être envoyés à la personne la mieux qualifiée pour les porter. A noter que chaque fois que le privé supporte un risque, cela renchérit le coût du projet.

Par exemple, les risques de construction ne peuvent logiquement être portés que par le privé. Toutefois la personne publique peut encourir les risques de construction lorsqu'elle fait par exemple usage du « fait de prince », prend du retard à confier à la personne privée des terrains nécessaires au profit du projet ou en cas d'existence des servitudes administratives ou privées.

S'agissant de la matrice des risques, ceux-ci se rapportent à la conception, la réalisation, l'exploitation, la maintenance, le financement, l'aspect juridique, l'aspect administratif, etc. Pour couvrir les risques ou s'en prémunir, il faut prendre la police d'assurance. Il peut s'agir : d'une assurance TR, une assurance RC, de la garantie décennale, etc.

Section 6. Financement des Projets PPP

Le contrat de PPP fait apparaître plusieurs intervenants dans un tel montage. Il s'agit de : la personne publique, la société de Projet, les actionnaires (fonds propres) et les prêteurs (Banques).

La bancabilité d'un projet tient à sa capacité à générer des ressources suffisantes pour faire face aux engagements vis-à-vis des bailleurs des fonds.

Exemple : Port en eaux profondes de Banana : nombre prévisionnel de bateaux devant accoster dans ce port d'année en année, différents services devant y être rendus et le rendement financier attendu.

Ainsi, les termes du contrat du projet doivent être définis pour la durée totale de celui-ci, de sorte à permettre tant aux actionnaires qu'aux prêteurs de s'approprier les flux financiers de ce dernier.

On peut par conséquent résumer comme suit la question de sources de financement :

- Dans les PPP à financement public (CP) : les financements propres de la personne publique seront constitués de dons, subventions, garanties dont les garanties souveraines. Par ailleurs, la personne publique peut s'adresser à la Banque Mondiale, à la BAD ou aux pays tiers pour renforcer le financement du projet. On se rend compte que dans ce type de contrat, la personne publique, qui a intérêt à ce que le projet aboutisse dans les délais, n'est pas totalement exonérée d'une contribution financière pouvant être substantielle.

- Dans les PPP à financement privé (Concessions) : les financements sont constitués des emprunts mis à la disposition du projet par les actionnaires.

On prête directement à la société de projet sur base du profil des recettes futures (Cf. étude de faisabilité) avec la garantie des actionnaires.

Le privé est libre de venir avec des financements obtenus n'importe où dans le monde.

Section 7. Suivi du contrat de PPP

Qu'il s'agisse du PPP à paiement public (CP) ou de PPP concessifs, le contrat doit prévoir notamment la production de rapports, à dates régulières, destinés à l'autorité concédante, pour lui permettre de procéder au contrôle, qui peut être confié à un cabinet d'experts international.

Le suivi portera notamment sur les obligations suivantes qui doivent être prévues dans le contrat :

- *Respect des délais d'exécution*, sinon DI (pénalités de retard très lourds, non versement des loyers en PPP à paiement public, etc.) ;

- *Acceptation* de toute cession de créance en PPP à paiement public ;

- *Obligation concernant le secteur réservé* (part réservée aux PME locales). En cas de force majeure, la personne publique peut se voir obligée de mettre le projet en régie.

- *Garanties*. Le privé doit présenter une garantie consistante (importante) devant couvrir les pénalités et intérêts de retard.

- *Gains* (partage de fruits) : Après une période fixée dans le projet (par exemple : 15ème année), les revenus du projet peuvent commencer à être partagés entre le privé et la personne publique (voir CP).

- *Recettes de Valorisation.* S'agissant des activités connexes pouvant être développées dans le site, (organisation matches de boxe, ajout d'une station-service, etc.), les fruits seront partagés par exemple entre le privé et la personne publique.

CONCLUSION

Par la loi n° 18/016 du 9 juillet 2018, il a été mis en place en RDC une législation sur les contrats de Partenariat Public Privé (PPP) et la Délégation des Services Publics.

Il s'agit de contrats d'une extrême importance pouvant permettre aux privés, de concert avec la personne publique, de contribuer durablement à la construction/aménagement des infrastructures complexes, bâtiments et services dont le pays a grandement besoin, en vue de rattraper son retard dans la fourniture des services publics modernes à la population.

Au moment où on assiste à une réduction sensible des ressources publiques qui auraient pu être utilisées pour le lancement des marchés publics, de même qu'à une raréfaction des ressources à caractère bilatéral et multilatéral, le PPP se présente comme une planche de salut entre les mains des dirigeants pour faire face aux attentes de la population.

Il peut être ainsi possible de construire : des autoroutes à péage, des routes interprovinciales à péage également, des aéroports, ports, chemins de fer, quartiers résidentiels, zones économiques spéciales, zones agricoles, zones d'habitat, centrales électriques, etc.

L'une des conditions pour ce faire est de persévérer dans l'instauration d'un Etat de droit garante de la sécurité juridique et judiciaire en vue de sécuriser les investisseurs.

Il faudra également que l'égalité de tous les soumissionnaires soit garantie lors des appels d'offres devant être des processus intègres et transparents.

Les contrats à rédiger à ce sujet nécessitent l'intervention des spécialistes nationaux et internationaux pour établir un équilibre acceptable entre les intérêts des privés et de la personne publique au regard du partage des risques et des gains engendrés par l'opération.

Bien que la personne publique soit tenue, surtout dans le PPP à paiement public et parfois dans celui à paiement privé (concession), à faire des interventions ou à solliciter des tiers de telles interventions, il ne faudrait pas que tout cela se traduise par une charge exorbitante sur le trésor public à long terme.

Cependant, il faudrait avoir à l'esprit que si l'on allait rapidement dans l'engagement du processus de matérialisation d'un projet PPP, cela nécessiterait au bas mot 2 à 3 ans avant que ne soit donné le premier coup de pioche.

Par conséquent, il est souhaitable que les Autorités fassent diligence, en commençant par le commencement, c'est-à-dire en mettant en place l'Etablissement Public prévu à l'article 19 de la loi n° 18/016 du 9 juillet 2018, chargé de la promotion et de l'application de la politique du PPP en RDC.

Troisième Partie

Les Privatisations

Le phénomène de privatisation, axe principal de la libéralisation, occupe une place centrale dans le droit économique de la fin du 2ème millénaire et du début du 3ème millénaire de notre ère. Aussi les différentes articulations de ce cours ont-elles tourné autour de ce concept.

La privatisation concernant des biens faisant partie du domaine de l'Etat, il importe, avant de la définir, d'énoncer des notions en rapport avec ce domaine, de présenter les objectifs et les fondements de la privatisation et enfin de circonscrire son environnement ou son cadre.

CHAPITRE I

NOTIONS SUR LES PRIVATISATIONS

Section 1 : Le domaine de l'Etat

La privatisation porte sur le domaine de l'Etat. Celui-ci est constitué d'un domaine public et d'un domaine privé. Ci-après, nous donnons quelques éclairages au sujet de ces domaines.

§1. *Le domaine public de l'Etat*

Il comprend un domaine naturel qui ne nécessite pas de dépenses pour sa constitution et un domaine artificiel aménagé par l'Etat ou les services publics. Il faut ranger dans ce domaine : les chemins de fer, les routes, les fleuves, les rivières, les rivages, les lais, les relais de la mer, les ports, les aéroports, les canaux, les quais, les écluses, les barrages, etc.[1]

L'évolution de la notion de l'Etat moderne a amené ce dernier à créer des entreprises publiques qui, elles aussi, font partie du domaine public. La gestion de ce domaine permet à l'Etat de percevoir des recettes dites du portefeuille ou de participation.

---

[1] Lire art. 53-56 de la loi n° 80-008 du 18 juillet 1980 modifiant et complétant la loi n° 73-021 du 20 juillet 1973 portant Régime général des biens, régimes foncier et immobilier et régime des sûretés, dite « Loi foncière ».

D'après la Cour de Cassation belge, pour qu'une chose fasse partie du domaine public, celle-ci doit répondre aux critères suivants :

- Avoir une destination d'utilité publique,
- Être attribuée au domaine public par une loi...[1]

Les biens du domaine public sont par définition inaliénables. D'après A. Magain, l'intervention du législateur est requise pour autoriser l'aliénation des biens appartenant au domaine public. L'intervention du Parlement est également requise pour l'aliénation d'un immeuble à usage public, désaffecté[2].

Ainsi, il est exclu qu'une entreprise publique sorte du domaine public de l'Etat en dehors d'une loi préalable autorisant un tel transfert.

§ 2. ***Le domaine privé de l'Etat***

Celui-ci comprend des biens acquis en vue de travaux d'utilité publique non encore réalisés et des biens qui ont cessé d'être affectés à semblable destination. Il comprend notamment des forêts domaniales[3].

---

[1] Cf. Cass 21-1-1926, pas 1, p. 187 ; cité par Magain (A.), *Code des finances et de la comptabilité publique*, t.1, éd. Comptables, commerciales et financières, Bruxelles, 1946, p. 189.

[2] Magain, (A), *op. cit.*, p.189.

[3] Magain (A), *idem*, pp. 189-1990. Lire aussi art. 56 et 57 de la loi n°73-021 du 20 juillet 1973 telle que modifiée et complétée à ce jour.

Le gouvernement ne peut aliéner un immeuble appartenant au domaine privé de l'Etat qu'en invoquant une loi qui lui accorde la faculté de procéder à une vente ou à un échange.

En Belgique, la Loi du 31 mai 1923 permet au Ministre des Finances d'aliéner par voie d'adjudication publique, au mieux des intérêts du Trésor, les immeubles domaniaux de toute nature devenus sans emploi, à l'exception des propriétés boisées.

L'adjudication doit être précédée d'un avis publié au Moniteur au moins quinze jours d'avance. Après deux tentatives d'adjudications publiques restées infructueuses, le Ministre des Finances est autorisé à vendre de gré à gré. Les mêmes immeubles peuvent être cédés de gré à gré lorsque l'intérêt du Trésor le justifie et que la valeur estimative du bien vendu n'excède pas 20.000 francs[1].

En RDC, au terme aussi bien de la Constitution que de la Loi Foncière, le sol et le sous-sol appartiennent à l'Etat. Celui-ci accorde aux privés et autres investisseurs de simples concessions, ce qui ne renforce pas l'enthousiasme desdits investisseurs dans les investissements dans le foncier.

---

[1] Loi belge du 31-5-1923, art. 1er alinéa a., cité par Magain (A), *op. cit.*, p. 190.

Section 2 : Définition de la privatisation

D'après Raymond Guillien, Jean-Vincent et al, ce terme est susceptible d'avoir deux acceptions : soit le fait de confier au secteur privé des activités jusque-là gérées en régie directe par une personne morale de droit public, soit l'action de transférer au secteur privé le capital d'entreprises appartenant à la puissance publique et qui, très souvent, avaient fait l'objet auparavant d'une nationalisation[1].

Pour E. S. Savas, la privatisation est un néologisme que le langage courant a vite adopté, malgré sa sonorité peu harmonieuse. Le mot privatiser est apparu pour la première fois dans un dictionnaire en 1983 ; il était défini étroitement comme « le fait de rendre privé, plus spécialement en faisant passer une activité ou un secteur d'activité d'un statut de contrôle ou de propriété public à un statut privé ». Mais le mot a d'ores et déjà pris un sens plus large ; il a fini par représenter une nouvelle conception des besoins de la société et une redéfinition du rôle du gouvernement dans leur satisfaction. Il signifie confier la satisfaction des besoins de la population plutôt aux institutions privées de la société qu'aux pouvoirs publics. La privatisation est l'acte qui consiste à réduire le rôle du gouvernement ou à augmenter le rôle du secteur

---

[1] Guillien, (R.) et Vincent, (J.), et al. *Lexique des Termes Juridiques*, Dalloz, 10° éd., 1995, p.435.

privé, dans une activité ou dans la propriété des moyens de production[1].

Et partant de l'expérience de la Belgique, Delpérée pense que le mot et l'idée de privatisation ne font pas recette dans les débats qui portent en Belgique sur l'action et l'organisation. A quoi attribuer ce silence ? Il suffira peut-être d'observer que le terme de privatisation est un néologisme, qui n'est pas encore reçu par les dictionnaires et que ses contours restent, par la force des choses, incertains. Mais d'autres expressions font fortune et se sont imposées malgré les grammairiens. On considérera peut-être que la privatisation emporte transfert d'activités ou transfert de moyens, voire les deux, du secteur public au secteur privé et qu'elle cesse, en conséquence, d'intéresser les spécialistes de la gestion administrative pour ne plus concerner que les experts du monde des affaires. Mais on n'est pas sûr que le phénomène de dessaisissement, total ou partiel de la puissance publique ne mérite pas lui-même une attention...[2]

---

[1] Savas, (E.S), *La privatisation pour une société performante*, Nouveaux Horizons, 1990, p. 14.

[2] Delpérée (F), « Les privatisations en Belgique », in Annuaire Européen d'Administration publique, Ed. du centre national de la recherche scientifique, Paris, 1989, p. 13.

Section 3 : Les objectifs poursuivis

L'objectif premier de la privatisation est l'assainissement de la gestion des unités de production ou des entreprises étatiques de prestations de service en les dégageant des pesanteurs de la gestion publique jugée trop lourde, coûteuse et entraînant des détournements et autres dilapidations des fonds. L'objectif second est d'exonérer l'Etat de l'obligation d'accorder des subventions aux entreprises publiques, ce qui se traduirait par l'amélioration de la situation de son budget.

Francis Delpérée est de cet avis lorsqu'il précise que la privatisation est préconisée pour des impératifs financiers. Il s'agit de vendre des parts existantes ou d'attirer des capitaux nouveaux. Il importe de cette manière de combattre le déficit des finances publiques. Les préoccupations proprement politiques ou des justifications managériales n'apparaissent qu'au second plan[1].

Pour E.S. Savas, d'autres partisans de la privatisation viennent des milieux économiques. Leur raisonnement est simple. Le gouvernement dépense beaucoup d'argent, notamment pour ses employés. Une grande partie du travail des fonctionnaires concerne des activités économiques banales qui ne sont nullement l'apanage du gouvernement, telles que l'entretien d'immeubles, de sols, de véhicules, de bateaux ou d'avions,

[1] Delpérée, (F), *op. cit.*, p. 14.

dactylographie et traitement de l'information, traitement de demandes d'indemnisation et facturation, ramassage des ordures et réparation des chaussées. Les milieux d'affaires sont partisans d'une plus grande privatisation de ces activités directement assurées par le gouvernement et réclament une législation qui interdirait de faire appel au personnel gouvernemental pour effectuer un travail que pourraient accomplir des entreprises privées assujetties à l'impôt[1].

Mais, pour nobles que soient ces objectifs, la privatisation ne va pas sans appréhension. Lorsqu'elle intervient dans un contexte de déréglementation et d'absence de contrôle, la gestion privée basée sur la recherche effrénée du lucre, se traduit parfois par le renchérissement des prix et des mesures de suppression ou de réduction drastique des charges au premier rang desquelles se trouvent les charges salariales et autres charges sociales.

Aussi la privatisation est-elle redoutée dans certains pays à pouvoir d'achat très bas et sans véritable politique sociale comme cela semble être le cas en R.D.C. D'où, toute politique de privatisation doit chercher à prendre en compte l'environnement dans lequel elle doit intervenir.

---

[1] Savas, (E.S) ; *op. cit.*, p. 21.

Section 4 : Les fondements de la privatisation

§1. *Le libéralisme économique*

L'idéologie de privatisation tend à amener l'Etat à se désengager du marché en laissant l'initiative privée s'exprimer librement, sans obstruction. Cette idée renvoie à l'Etat libéral du 19ème siècle fonctionnant dans le cadre des finances publiques classiques conçues par les économistes tels que Baron Louis, Léon Say et Gaston Jèze ou les économistes disciples de « l'Etat gendarme » tels qu'Adam Smith. Suivant cette idée, l'Etat doit limiter au maximum ses activités, les réduire à l'entretien d'une police et d'une armée et à l'administration du territoire avec un nombre limité de fonctionnaires. Au plan économique, l'Etat doit s'abstenir et réserver l'ensemble des activités à l'initiative privée, considérée comme mieux outillée et qualifiée et davantage motivée pour s'adonner au commerce[1].

Dans cette perspective, le rôle de l'Etat doit être de mettre sur pied une réglementation simple et réaliste (l'idéologie de privatisation va de pair avec celle de déréglementation), destinée à favoriser la concurrence et à débloquer les entraves à l'initiative privée.

L'Organisation Mondiale du Commerce (O.M.C.), dont un sommet s'est tenu, début décembre

---

[1] Lire Duverger (M), *Finances Publiques*, P.U.F., Paris, 1963, p. 1.

1999, dans une atmosphère très tendue à Seattle aux USA, poursuit l'objectif de libéraliser les marchés mondiaux. Cependant, les opposants à cette vision tentent d'empêcher que le monde ne devienne un grand marché.

§2. *La réalisation de cette vision libérale*

Au regard de l'historique de l'interventionnisme de l'Etat dans le marché, il serait utopique de s'imaginer que le simple retrait de l'Etat du marché aurait pour effet de faire jouer pleinement les lois du marché en RDC.

En effets, l'Etat libéral du XIXème siècle basé sur la recherche accrue du lucre s'était traduit par des abus considérables en matière de travail, de prix, d'approvisionnement (rétention des stocks), etc.

Cette expérience historique, qui donna lieu à des révolutions (notamment à celle de 1789), prouve que l'initiative privée abandonnée à elle-même a tendance à se muer en situations de monopole et d'entente dont l'action est à la longue nuisible à l'économie.

E.S. Savas tente de dissiper ces inquiétudes en précisant que « certains adversaires de la privatisation y voient une revendication simpliste en faveur d'une réduction du Gouvernement et d'une régression vers un état de barbarie où seuls les plus aptes survivent, les pauvres et les malades étant abandonnés à leur propre sort. Néanmoins, la privatisation peut se montrer aussi humanitaire que l'Etat-Providence ; bien plus, quand elle se déroule correctement, elle est encore plus favorable pour les chanceux d'entre nous »[1].

Ainsi, une telle option supposerait qu'existe en R.D.C. une mouvance économique crédible constituée de gens qui respectent les règles du jeu. Ainsi, ce que l'Etat perdrait d'un côté, il le gagnerait de l'autre, notamment en matière d'emploi, d'accroissement de l'offre et de la demande, de réduction des coûts et des prix, de rentrées fiscales, etc.

Or, les faits semblent indiquer qu'on a affaire, qu'il s'agisse d'hommes d'affaires expatriés ou nationaux, à une classe qui se complaît dans l'informel, qui refuse de payer les impôts et dont la politique sociale à l'égard des travailleurs est des plus catastrophiques (bas niveaux salaires, licenciements massifs, absence d'une politique de transport des agents et manque de couverture médicale ...).

Qu'on ne se méprenne donc point sur les motivations de l'homme d'affaires qui s'installe en R.D.C aujourd'hui. L'homme d'affaires expatrié (belge ou portugais ...) qui exerçait ses activités au Congo-Belge avant 1960 savait qu'il travaillait pour le bonheur de son pays, maîtrisait bien les règles du jeu et les appliquait sous peine d'y être contraint par

---

[1] Savas (E.S), *op. cit.*, p. 14.

l'Administration coloniale. L'homme d'affaires expatrié qui s'installe en R.D.C après 1960 sait qu'il n'est pas dans son pays ; par conséquent il vient juste pour gagner de l'argent et aller faire son bonheur ailleurs. De surcroît, cet homme d'affaires sait que ce pays est confronté à une instabilité juridique, économique et politique permanente. D'où, toutes sortes de prudences (par exemple en matières d'investissements, d'importations, de couverture du territoire en produits essentiels), toutes sortes d'anticipations (taux de change, prix ...), constitution de monopoles, de duopoles[1] ou d'oligopoles[2](80), non-paiement d'impôts, etc. Cette donnée doit être intégrée à toute analyse de la politique de privatisation lorsque celle-ci fait appel aux investissements étrangers.

Au regard de ce qui précède, il y a lieu d'assainir d'abord le milieu par l'instauration des règles de jeu acceptables par tous en matière économique.

---

[1] *Duopole* : Marché où deux vendeurs se partagent toute la production (ex. Marché de bière à Kinshasa).

[2] *Oligopole* : C'est le marché où un nombre très faible d'offreurs disposant d'un certain pouvoir de marché fait face à un nombre important de demandeurs.

Tableau n° 5 : Les objectifs de la privatisation

Efficacité et développement de l'économie

- Créer une économie de marché, objectif central pour les économies en transition ;
- Encourager l'initiative privée et l'expansion du secteur privé en général ;
- Favoriser l'efficacité et la compétitivité macro-économiques ou sectorielles ;
- Stimuler la souplesse de l'économie et éliminer les rigidités ;
- Promouvoir la concurrence, notamment en éliminant les monopoles ;
- Établir ou développer des marchés financiers efficaces, permettant une meilleure mobilisation et affectation de l'épargne nationale ;
- Améliorer l'accès des produits nationaux aux marchés étrangers ;
- Promouvoir l'investissement national ;
- Promouvoir l'investissement étranger ;
- Promouvoir l'intégration de l'économie nationale dans l'économie mondiale ;
- Préserver ou créer l'emploi.

Efficacité et développement de l'entreprise

- Favoriser l'efficacité et la compétitivité nationale et internationale de l'entreprise ;
- Introduire de nouvelles techniques et promouvoir l'innovation ;
- Perfectionner l'outil de travail ;
- Augmenter le rendement, y compris le taux d'utilisation de l'outil industriel ;
- Améliorer la qualité des biens et services produits ;
- Introduire de nouvelles méthodes et équipes de gestion ;
- Permettre à l'entreprise de conclure les alliances nationales et internationales essentielles à sa survie.

Objectifs budgétaires et financiers

- Maximiser le produit net de la privatisation afin de générer les recettes nécessaires pour financer les dépenses publiques, abaisser la pression fiscale, réduire le déficit du secteur public ou rembourser la dette publique ;
- Réduire la charge des entreprises publiques sur l'Etat (provenant des subventions, des impôts non perçus, des arriérés sur emprunts, des garanties octroyées, etc.) ;
- Financer les investissements importants que les finances publiques ne peuvent plus assurer ;
- Générer de nouvelles sources de revenus fiscaux ;
- Limiter le risque de ponction future encouru par l'Etat en tant que propriétaire d'entreprises, notamment le besoin de fournir des capitaux pour l'expansion de l'entreprise ou pour son sauvetage au cas où celle-ci connaîtrait des difficultés financières.

Objectifs de répartition ou de redistribution de revenus

- Ouvrir plus largement la propriété du capital : favoriser un « capitalisme populaire » ;
- Créer une classe moyenne dans le pays ;
- Favoriser le développement économique d'un groupe particulier (technique ou autre) ;
- Rétablir pleinement les droits de propriété des anciens propriétaires expropriés par les régimes précédents ;
- Enrichir les cadres chargés de la mise en œuvre des privatisations (rarement un objectif avoué).

Objectifs politiques

- Réduire la taille et le domaine d'activité du secteur public ou sa part dans l'activité économique ;
- Redéfinir le champ d'activité de l'Administration publique en abandonnant les tâches de production pour se concentrer sur le noyau des fonctions étatiques, y compris

la création d'un environnement favorable à l'activité économique privée ;
- Réduire ou éliminer la possibilité qu'un gouvernement futur revienne sur les mesures prises pour modifier le rôle de l'Etat dans l'économie ;
- Réduire l'emprise d'un parti ou d'un groupe (parti communiste, nomenclature, syndicats de travailleurs, par exemple) sur l'économie ;
- Augmenter la popularité du gouvernement et ses chances de reconduction aux prochaines élections.

Source : Guislain (P.), *La privatisation un défi stratégique, juridique et institutionnel*, Nouveaux Horizons, Paris, 1995, pp. 34-35.

Tableau n° 6 : Les forces qui poussent à la privatisation

Force	***Objectif***	***Raisonnement***
Pragmatique	Un gouvernement meilleur	Une privatisation prudente conduit à des services plus productifs.
Idéologique	Moins de gouvernement	Le gouvernement est trop grand, trop puissant, il se mêle trop de la vie des gens et constitue donc un danger pour la démocratie. Les choix du gouvernement sont politiques, et donc par définition moins dignes de confiance que ceux du marché.
Affairiste	Plus d'affaires	Les dépenses du gouvernement tiennent une large place dans l'économie, on pourrait et on devrait en orienter une plus grande part vers les entreprises

		privées. Les entreprises et les moyens de production détenus par le gouvernement pourraient être mieux utilisés par le secteur privé.
Populiste	Une société meilleure	Les individus devraient avoir plus de choix en matière de services publics. Ils devraient pouvoir définir et satisfaire leurs besoins courants, et créer un sentiment communautaire, en plus à leur famille, leur quartier, leur église, leurs associations ethniques ou bénévoles et moins à des lointaines structures administratives.

Source : Savas, (E.S), *op. cit.*, p. 17.

Tableau n° 7 : Services fournis contractuellement à des villes ou à des comtés par des firmes privées aux Etats- Unis d'Amérique

Services :

Acquisitions immobilières, administration des cimetières, administration des élections, administration publique, adoption, aéroports (gestion), aide-ménagère, aide sociale, ambulances, applications de tests, arboriculture (plantation, taille, abattage), architecture, assistance juridique, assurances, audit, auditoriums (gestion), autobus. Bibliothèques, blanchisserie.

Caisses de parkings, cartographie, centres de congrès (gestion), collecte des impôts (assiette, établissement des règles, recettes), communications de protection civile, concierges, conseil familial, conseil en gestion, conservation des sols, crèches. Délivrance des patentes, déménagements et garde-meuble, démolition d'immeubles, démoustication, dépannages urgents, désherbage, développement économique, développement industriel, diététique.

Eclairage urbain (installation et entretien), édition de fiches de paie, électricité, enlèvement des véhicules et fourrière, enquêtes, entretien des compteurs d'eau et relevés, entretien des cours de tennis, entretien des égouts, entretien des extincteurs, entretien des hangars d'autobus, entretien des machines de bureau, entretien des moyens de communication, entretien des parcs, entretien des systèmes d'alarme, entretien des véhicules, expet1ises. Facturation et collecte de paiements, facturation des consommations sur abonnements, formation (des fonctionnaires), foyers pour enfants.

Gardiennage, gestion de parcs de véhicules, gestion locative, gestion de réseaux de para-transport, gestion de risques, gestion transitaire, graphisme. Hôpitaux (gestion).

Immeubles (surveillance, entretien, sécurité), imprimerie, incarcération et détention, infirmeries, informatique, inspection des ascenseurs, inspection des immeubles et machines, inspection des appareils électriques, inspection des logements et mise en conformité, inspection des tuyauteries, irrigation. Laboratoire de criminologie, loisirs et gestion d'équipements, lutte contre le bruit, lutte contre la délinquance juvénile, lutte contre les nuisibles, lutte contre la pollution de l'eau, lutte contre la toxicomanie et l'alcoolisme.

Maisons de quartier (gestion), marquage des chaussées, musées et culture. Neige (déblaiement, sablage, enlèvement), nettoyage des parkings, nettoyage de collecteurs. Obsèques des indigents, ordures (collecte, transport, traitement). Paramètres, parking et garages (gestion), paysagisme, plages (gestion), planification, ponts (construction, inspection et entretien), ports (gestion), préparation de documents, prévention des inondations, probation, production et distribution d'eau potable, protection infantile, protection et lutte contre l'incendie.

Repassage des feuilles mortes, réduction de la pollution aérienne, réhabilitation immobilière, relations publiques et information, relations sociales, relevés de compteurs, préparation des trottoirs, restaurants et cafétérias, retraitement des déchets, rondes de surveillance.

Saisie de données, santé publique, secrétariat, sécurité, services aéroportuaires, services de conseil, services de l'environnement, services financiers, services de garde, services hospitaliers, services juridiques, services médicaux, services du personnel, service photographique, services de plaisance, services sociaux, soins institutionnels, sondages d'opinion, standards de police, standards de pompiers, surveillance des animaux, surveillance de la circulation (marquage, signaux, pose et entretien de la signalisation), surveillance et prévention de la criminalité, surveillance du stationnement, surveillance de l'urbanisme et des lotissements.

Tenue des listes électorales, tenue de registres, terrains de golf (gestion), traitement de données, traitement des eaux, transports pour handicapés et gens âgés, transports de prisonniers, transport scolaire, travaux administratifs, travaux de laboratoire, travaux publics, trésorerie. Visites médicales, voirie (construction, entretien, nettoyage).

Source : Savas, (E.S), *op. cit.*, pp. 86-87.

Il saute aux yeux que dans un tel contexte, de nombreux emplois sont créés et l'activité économique s'emballe, ce qui a un impact positif sur le système fiscal ainsi que sur les paramètres économiques de base.

Section 5 : L'environnement de la privatisation au Congo

Le succès de tout programme de privatisation est consécutif à l'environnement des affaires existant au pays, autrement appelé « climat des affaires ». Il est épinglé ci-dessous quelques éléments dudit environnement.

§ 1. *Le contentieux belgo-congolais, les nationalisations et la zaïrianisation*

Le contentieux né de la succession de l'ex-Congo belge aux droits patrimoniaux de la colonie à l'indépendance, appelé « contentieux belgo-congolais » (1960-1965), les nationalisations (1965-1967) et zaïrianisations (1973) sont des mesures qui ont eu un retentissement considérable sur la situation économique de la R.D.C. Ces tribulations ont engendré pour longtemps la question de la confiance que le capital étranger peut avoir à l'égard de la R.D.C. L'opinion publique nationale a par ailleurs développé des attitudes épidermiques vis-à-vis de cette politique. Cette constatation justifie par ailleurs la fuite en avant observée dans le chef des autorités en matière de privatisations. Comme la zaïrianisation avait été mal préparée et les attributions aux acquéreurs faites sans recours à l'appel d'offres, cela a entraîné, au plan interne, la perte de confiance de l'opinion publique vis-à-vis des acteurs de la classe politique. En effet, ladite opinion a toujours estimé, à juste titre d'ailleurs, avoir été flouée par la classe politique qui s'était partagé le gâteau de la zaïrianisation en faisant payer la facture au peuple, via le Trésor Public.

En outre, les mesures de privatisation prises entre 1982 et 1989 n'ayant essentiellement profité qu'aux politiciens congolais, toute politique de privatisation doit chercher à prendre en compte cet élément particulier du contexte congolais.

§2. ***La reprise de la situation économique***

La R.D.C a enregistré, entre les années 1990 et 2000, une situation économique désastreuse caractérisée par des taux de croissances négatifs et l'hyperinflation chronique.

Les taux de croissance négatifs enregistrés de 1990 à 1998 sont respectivement de -6,6 ; - 8,4 ; - 10,5 ; - 13,56 ; - 3,9, - 0,7 ; - 0,9 ; - 6,4 et 3,5. Par ailleurs, les taux d'inflation enregistrés entre 1991 et 1995 se sont élevés respectivement à 3.641,9 % ; 2.989,6 % ; 4.651,7 % ; 9.796,9 % et 370,3 %[1].

---

[1] Cf. Lolo Massy, Tableau n° 1 consacré à l'évolution des principaux indicateurs en 1991-1995, « L'économie du Zaïre en 1995, est-ce la fin de la régression ? », in *Notes de conjoncture*

La conjonction de tous ces éléments avec les désordres récurrents des finances publiques, ont entraîné une paupérisation sans pareille de la population et une hausse généralisée des prix sur le marché. Le produit national par tête d'habitant de la R.D.C. se situait parmi les plus bas du monde, soit environ 150 USD par an[1].

Dans ces conditions, il a été pratiquement impossible de recourir à l'épargne intérieure ou au partenariat national pour privatiser. L'opinion se méfie du reste du capitalisme national considéré à tort ou à raison comme s'étant constitué dans le sillage et sur le dos de l'Etat.

§3. *Le blocage du processus démocratique*

L'environnement à prendre en compte pour mieux cerner la problématique de la privatisation n'est pas qu'économico-financier. Il importe de ranger dans cette partie du débat, l'environnement politique. Depuis l'aube du 24 avril 1990, la R.D.C. s'est engagée dans un processus laborieux vers un régime politique démocratique. Un processus ponctué des pillages, des troubles et des désordres de

---

n°26, avril 1996, p. 7. Lire aussi le condensé d'informations statistiques de la BCC n°23/1999 du 27 avril 1999.

[1] Notons que de 1996 à 1999 les soldes négatifs enregistrés dans l'exécution des dépenses budgétaires de l'Etat ont été respectivement de : -106 000 ZRN, -933.712 ZRN, -6.291.602 ZRN,-27.847.796 ZRN et -459.900 FC au 25 aout 1999.

divers ordres. La Conférence Nationale Souveraine qui avait eu la prétention de conduire le peuple dans la paix et la réconciliation vers la troisième République, a certes constitué un cadre de réflexion non négligeable au plan moral, intellectuel et politique. Mais ses résultats au plan pratique sont demeurés mitigés, sinon nuls.

Le 17 mai 1997, les forces de l'AFDL[1] conduites par Laurent Désiré Kabila ont pris le pouvoir à Kinshasa, mettant fin à plus de 30 ans de dictature mobutienne. Cependant, les efforts de reconstruction amorcés par le nouveau pouvoir se sont trouvés compromis par une nouvelle guerre due à l'occupation, à dater du mois d'août 1998, d'une partie du territoire national par une coalition Rwando-Ougando-Burundaise.

Depuis lors, les mouvements insurrectionnels et autres rebellions se sont poursuivis dans différentes contrées de l'Est de la RDC, soutenus activement par les pays voisins, jusqu'à la date de rédaction du présent ouvrage.

---

[1] Alliance des Forces Démocratiques pour la Libération.

CHAPITRE II

LES FORMES DE PRIVATISATIONS

Nous parlerons successivement de la concession, de la privatisation de gestion, de l'ouverture du capital d'une entreprise publique au secteur privé, de la gestion autonome d'une entreprise publique et enfin de la vente d'une entreprise publique.

Section 1 : La concession

Des formules juridiques permettent à l'Etat de faire gérer par les privés certains biens de son domaine public tout en conservant leur propriété. C'est le cas de la formule de concession déjà présentée dans le cadre du partenariat public privé.

§1. *Définition*

Le Lexique des Termes Juridiques précise qu'il s'agit d'un mot dont le sens juridique varie de type à type, mais qui recouvre en tout cas un accord des volontés[1]. Dans son premier sens (concession d'un service public), ce terme se définit comme étant « le mode de gestion d'un service public consistant à confier la gestion à un concessionnaire (privé) recruté contractuellement, agissant à ses risques et

[1] *Lexique des termes juridiques*, op. cit., p. 127.

rémunéré par des perceptions prélevées sur les usagers »[1].

Dans un deuxième sens (concession des travaux publics), ce terme désigne le « procédé de réalisation d'un ouvrage public caractérisé par le mode de rémunération de l'entrepreneur, à qui est reconnu le droit d'exploiter à titre onéreux l'ouvrage pendant un temps déterminé (système de péage) »[2].

Et dans son troisième sens (concession d'occupation du domaine public), la concession est « un contrat de droit administratif confiant à son bénéficiaire, moyennant rémunération, le droit d'utiliser privativement une partie plus ou moins étendue du domaine public »[3].

Tous ces types de concession sont intéressants dans un processus de privatisation qui serait enclenché en RDC.

§2. ***Le principe***

Le principe, c'est que la concession doit être autorisée par une loi prévoyant les conditions dans lesquelles le gouvernement peut concéder[4]. (Voir à ce sujet ce qui a été explicité dans le cadre du

---

[1] *Idem*, p. 128.

[2] *Lexique des termes juridiques*, op.cit., p. 128.

[3] Magain (A), *op. cit.*, p. 192.

[4] Hezmich (G), « La foire mondiale des privatisations », in *Le Monde*, du 25 janvier 1994, cité par Colson, p. 128.

désengagement de l'Etat des entreprises du portefeuille et du partenariat public privé.)

Section 2 : La privatisation de gestion : la concession

Il s'agit d'un contrat par lequel l'Etat fait appel à un privé ou à un groupe privé pour assurer la gérance d'une entreprise publique contre paiement d'un prix et ce, pour une période bien déterminée.

De manière concrète, le cadre juridique d'une pareille opération est la concession dans ses formes de l'affermage et de la régie intéressée.

L'objectif recherché est d'instaurer les méthodes de gestion privées en vue d'atteindre une plus grande performance dans le fonctionnement de l'entreprise concernée.

D'espérée conçoit la question de la privatisation de la gestion de la même manière : « Pour atteindre les finalités qui sont les siennes, dit-il, la puissance publique peut renoncer à utiliser les prérogatives de la gestion directe. Elle peut, d'abord, établir des règles générales qui concernent tant l'activité des entreprises publiques que les entreprises privées et discipliner ainsi leur action. Elle peut aussi, en utilisant les procédés de l'action unilatérale, concourir à la création d'institutions dont elle n'a plus la charge d'une gestion effective ou d'un contrôle immédiat. Elle peut encore compter sur le concours des particuliers: elle espère obtenir de meilleurs résultats – à meilleur compte, dans de meilleurs délais ou encore dans un meilleur climat – en faisant appel à l'initiative privée pour lui apporter une collaboration »[1].

Une telle privatisation nécessite la prise en compte des exigences suivantes :

- Atténuer autant que possible le coût social de l'opération ;

- Sécuriser les travailleurs en prévoyant que l'un d'entre eux fasse partie du Conseil d'Administration;

- Prévoir un représentant du Gouvernement au Conseil d'administration ;

- Procéder au choix de l'entreprise privée concernée suite à un appel d'offres ;

- Prévoir un prix normal (prix qu'un bon père de famille placé dans les mêmes conditions paierait) pour rémunérer les services de l'entreprise privée concernée ;

- Prévoir la procédure d'appel d'offres pour les achats les plus importants à effectuer par les entreprises privatisées, etc.

Ainsi, aujourd'hui en RDC, la privatisation de gestion trouve son cadre juridique tant dans la loi n° 18/16 du 9 juillet 2018 sur le partenariat public privé que dans celle n° 08/008 du 07 juillet portant

---

[1] Delpérée (F), *op. cit.*, p. 20.

dispositions générales relatives au désengagement de l'Etat des entreprises du portefeuille.

Section 3 : L'ouverture du capital de l'entreprise publique au secteur privé[1]

Selon cette formule, l'Etat, sans se dessaisir de son patrimoine, cherche à attirer l'argent frais par la vente d'une quotité d'actions dûment valorisées de son entreprise à des investisseurs privés. Il s'agit de la vente des actifs de l'Etat représentées par ses actions et obligations des entreprises tant publiques que mixtes.

Une telle opération va nécessairement de pair avec la cession des postes au Conseil d'Administration aux privés, proportionnellement à leur mise. Si les actifs à vendre aux privés ne dépassent pas 50 % du capital, l'entreprise devenue mixte demeurera sous contrôle de l'Etat. Mais, s'il est permis aux privés d'acheter plus de 50 % d'actifs, il reviendrait à ces derniers d'assurer la gestion de l'entreprise.

Recourrons de nouveau à D'espérée pour envisager toutes les possibilités par lesquelles l'Etat peut s'associer aux capitaux privés. L'Etat peut en l'occurrence ouvrir son capital au travers :

---

[1] L'ouverture du capital de l'entreprise publique au secteur privé est une privatisation partielle du capital.

- Des apports en argent frais sans droit de vote, les actions de l'Etat étant éventuellement transformées en actions à droit de vote multiple («Golden Shares»)[1] ;

- Des apports en argent frais sans droit de vote (*non voting shares*)[2], titres participatifs, certificats d'investissement ;

- Des émissions d'emprunts convertibles…

- Le cas échéant, la conversion de dettes à taux fixes en actions, à condition qu'elle aboutisse à une réduction effective du coût du capital de l'entreprise.

D'espérée précise cependant que pour la Belgique, en cas de participation du capital privé, la participation des pouvoirs publics doit rester supérieure à 50 % du capital social[3].

A noter que c'est toujours l'appel d'offres suite à la valorisation des actions, qui est le mode normal pour ouvrir le capital d'une entreprise publique au secteur privé.

---

[1] *Golden Shares* : des actions qui permettent à celui qui les détient de conserver un droit de veto sur l'ensemble du capital d'une société dans certaines circonstances spécifiques. Elles sont souvent détenues par un Etat dans le cas d'une compagnie publique soumise au processus de privatisation. (*Wikipédia*)

[2] *Les actions sans droit de vote* sont un dispositif très utilisé aux Etats-Unis pour permettre aux entrepreneurs familiaux de lever des capitaux en bourse ou auprès du capital-risque, afin de faciliter leur croissance sans perdre leur indépendance ni le contrôle de leur affaire (*Wikipédia*).

[3] Delpérée (F), *op. cit.*, p. 173.

Section 4 : La gestion autonome d'une entreprise publique

Il s'agit ici non pas d'une cession d'actions mais plutôt d'une restructuration de la gestion de certaines entreprises publiques à caractère commercial et industriel.

Tout en gardant leur caractère public, l'Etat pourrait leur reconnaître le droit de fonctionner selon les méthodes privées, une large marge de manœuvre pouvant leur être accordée notamment en sécurisant la carrière des dirigeants, en mettant les cadres de direction dans des conditions de travail semblables à celles des entreprises privées, en leur reconnaissant la possibilité de créer des filiales, en supprimant les pouvoirs paralysants, omniprésents et conflictuels de tutelle qui constituent autant d'entraves au fonctionnement desdites entreprises.

Ceci est explicité par Delpérée : « La première condition consiste en l'octroi d'un nouveau statut qui leur accorde une plus grande autonomie de gestion tout en sauvegardant leur caractère public. Les principes de cette réforme seront définis par la loi de manière globale pour toutes les entreprises concernées : elles disposeront de leurs propres organes de gestion, d'une plus grande souplesse dans la gestion de leur personne et d'une plus grande liberté en matière de commandes de travaux, fournitures, services et des biens qu'elles offriront en public, dans le cadre de leur objet social. Enfin, elles pourront prendre des participations dans des sociétés commerciales, sauf pour la mise en œuvre de leurs missions de service public, auquel cas un Arrêté royal délibéré en Conseil des Ministres sera requis»[1].

Une telle restructuration doit cependant s'insérer dans le cadre d'un contrat de plan définissant clairement les objectifs de production à atteindre, les stratégies à utiliser pour ce faire et prévoyant des mécanismes démocratiques de fonctionnement tels que les appels d'offres pour les marchés et le recrutement du personnel. Le système mis en place par la loi n° 08/008 du 7 juillet 2008 portant dispositions générales relatives au désengagement de l'Etat des entreprises du portefeuille qui édicte que celles-ci fonctionnent conformément au droit de l'OHADA à l'instar des entreprises privées, se rapproche de l'autonomie de gestion.

Section 5 : L'aliénation d'une entreprise publique par l'Etat[2]

C'est l'acte par lequel l'Etat soumet à la vente en faveur des privés, une entreprise publique en mettant en vente tous les actifs détenus par lui.

A la différence de l'ouverture du capital, qui est une vente partielle, ici, il s'agit de l'aliénation pure et simple d'un patrimoine de l'Etat.

---

[1] Delpérée (F), *op. cit.*, p. 18.

[2] L'aliénation d'une entreprise publique par l'Etat est une privatisation totale du capital.

Pour comprendre ce contrat, il faut se référer aux dispositions du Droit Civil sur la vente et à celles du Droit Administratif relatives notamment aux adjudications.

§ 1. *Nature de la vente des entreprises publiques*

A. *Définition*

La vente de l'entreprise publique à l'instar de toute vente, est une convention par laquelle l'un (l'Etat) s'oblige à livrer une chose et l'autre (l'investisseur privé) à la payer (art. 263 du Code Civil Livre III). Par conséquent, la vente n'est pas intervenue et la propriété n'a pas été transférée à l'acheteur si on ne s'est pas convenu sur la chose (c'est-à-dire l'entreprise) et sur le prix, quoique la chose n'ait pas encore été livrée ni le prix payé (art. 264 du Code précité).

B. *Le prix*

Le prix de la vente est un élément essentiel du contrat. Il doit être déterminé et désigné par les parties (art. 270 Code Civil Livre III). Ainsi, il est inconcevable que le transfert de la propriété d'une entreprise publique intervienne sans que le prix n'ait été fixé par la commission des privatisations et payé par l'acheteur à l'Etat, qui pourra lui donner l'affectation d'intérêt général conformément à la loi[1].

§ 2 ***Les conditions essentielles de cette vente***

1. *Le consentement des parties concernées*

L'Etat comme l'investisseur privé qui se propose d'acheter doivent donner leur consentement et celui-ci ne doit pas être entaché de vices, parmi lesquels on citerait le dol ou bien l'erreur.

Le consentement de l'Etat est donné conformément à la loi qui doit déterminer les pouvoirs respectifs du Gouvernement et du Parlement en matière d'aliénation des entreprises de l'Etat. A l'intérieur du Gouvernement, la loi détermine l'autorité qui doit engager le pays à l'exclusion d'autres autorités dont l'intrusion dans la procédure peut s'apparenter au dol (manœuvres frauduleuses). Il peut s'agir spécifiquement des ministres du portefeuille et des Finances.

2. *La capacité juridique*

L'Etat est apte à contracter, encore faut-il qu'il le fasse au travers des autorités compétentes

---

[1] S'agissant de la B.C.C.E., c'est ce que tendent à prouver Atembina et consorts lorsqu'ils affirment : « De 146 millions de dollars américains, le patrimoine de la banque martyre passe à moins de 10 millions. Qui a empoché la différence ? » (Voir *Le Soft des Finances*, n°438 du vendredi 23 février 1996, pp. 6-7).

nommément désignées par la loi sur le désengagement. Quant aux partenaires privés de l'Etat, il devra s'agir des personnes morales de droit national ou international régulièrement constituées, autrement dit des investisseurs de renommée internationale et disposant d'une expérience et d'une expertise avérées. Ainsi, l'Etat doit s'abstenir de traiter avec des entreprises off shore logées dans des paradis fiscaux et sans aucune précision sur l'identité des actionnaires.

3. *La cause*

L'article 30 du Code Civil, Livre III dispose : « l'obligation sans cause ou sur une fausse cause ou sur une cause illicite ne peut avoir aucun effet ». Et l'article 32 de préciser : « la cause est illicite quand elle est prohibée par la loi, quand elle est contraire aux bonnes mœurs ou à l'ordre public ».

Et pour De Clercq : « La cause est le but immédiat et par conséquent essentiel en vue duquel on contracte. La cause est la raison directe, le pourquoi de l'obligation, le motif, la raison indirecte... Dans les contrats synallagmatiques, les obligations de chacune des parties ont pour cause celles de l'autre »[1].

Ainsi, l'aliénation d'une entreprise publique sans paiement de prix est sans cause et donc, nulle. La

---

[1] De Clercq (M), *Cours de droit civil élémentaire*, A. de Boecks, Bruxelles, 1985, p. 62.

jurisprudence du reste reconnu en précisant que dans un contrat synallagmatique, l'inexécution par une partie de ses obligations rend celles de son contractant sans cause, de sorte que si l'obligation de l'une n'est pas exécutée pour quelque motif que ce soit, même pour un cas de force majeure, l'obligation de l'autre partie devient sans cause[1].

Prenons le cas de la privatisation d'une banque appartenant à l'Etat :

- L'objet du contrat : c'est la banque ;
- La cause pour l'acheteur : disposer de la banque;
- Le motif pour l'acheteur : procéder aux opérations de banque ;
- La cause pour l'Etat : avoir de l'argent frais, et obtenir le redressement de la banque ;
- Le motif pour l'Etat : relancer le système bancaire.

4. *L'objet*

L'objet du contrat de vente doit être licite. D'après l'article 10 de la Loi n° 80-008 du 18 juillet 1980 modifiant et complétant la Loi n° 73-021 du 20 juillet 1973 portant régime général des biens, régime foncier et immobilier et régime des sûretés, les biens

[1] Casso Fr, 14.4.1891-DPI, p. 329 et Capitant, *Les grands arrêts de la jurisprudence civile*, 1950, p. 266. Avec Notes, Casso Fr.5.51920, D.P. 1926, cité par Katuala Kaba Kashala, *Code civil congolais annoté*, Ed. Batena Ntambwe, 1995, p. 32.

de l'Etat affectés à un usage ou à un service public sont hors commerce tant qu'ils ne sont pas régulièrement désaffectés par une loi.

Aujourd'hui, il existe une loi sur le désengagement de l'Etat et la transformation des entreprises publiques. Leur aliénation concrète exige une loi spécifique prise par le Parlement pour autoriser pareille aliénation.

§ 3. *Modalité juridique de la vente des entreprises publiques*

Cette nature découle directement des dispositions de la Constitution, notamment celles consacrées à l'égalité de tous devant la loi (voir précisions données ci-dessus).

En vertu de ces dispositions, un Congolais personne physique ou une entreprise congolaise qui serait écarté de l'opération de vente d'une entreprise de l'Etat ou bien de cession de sa gestion serait fondé de se pourvoir en inconstitutionnalité d'une telle opération devant le Conseil d'Etat.

Aussi la loi a-t-elle prévu que la vente se fasse par appel d'offres suite à une procédure régulière de publicité.

Ci-après, le tableau contenant le processus d'adjudication tel que le conçoit E.S. Savas.

Tableau n° 8 : La conduite du processus d'adjudication

La procédure d'adjudication influencera le nombre et la qualité des soumissionnaires. Outre les facteurs évoqués ci-dessus, on peut conseiller aux responsables publics des lignes de conduite suivantes :

- Veillez à ce que le cahier des charges de l'appel d'offres ne contienne aucune clause ambiguë, contradictoire ou erronée.

- Evitez les clauses inutilement restrictives qui éliminent des soumissionnaires potentiels ou qui entraînent une discrimination à leur égard.

- Diffusez l'appel d'offres aussi largement que de raison, sans vous borner aux exigences minimales de publicité légale dans tel ou tel journal ; utilisez les listes des fournisseurs, des syndicats professionnels, les annuaires téléphoniques, la presse professionnelle, les fichiers d'autres administrations, etc.; adressez des notices individuelles à chacune des firmes que vous avez répertoriées.

- Ménagez suffisamment de temps entre la publication et la date limite de remise des offres pour permettre la préparation de devis raisonnables.

- Organisez une réunion de fournisseurs pour répondre aux questions de ceux qui envisagent de soumissionner. Si c'est la première fois que le service fait l'objet d'un marché, organise une réunion de planification avec les fournisseurs pour vous aider à mettre au point un appel d'offres qui suscitera des soumissions.

- Evitez de demander des prix de soumissionner trop nombreux. Si trop de combinaisons sont demandées (par exemple, prix pour un an, pour deux ans, pour trois ans), il y aura probablement plusieurs moins-disant, peut-être même un pour chaque cas de figure. L'élection du moins-disant laissera alors trop de place au favoritisme et aux pressions, et cela tendra à discréditer la procédure. Les fournisseurs avisés détecteront le problème et risquent de s'abstenir de soumissionnée.

- Evitez de rejeter sous de mauvais prétextes les soumissions bien placées afin de négocier de gré à gré avec l'un des soumissionnaires. Cela amoindrirait la crédibilité des appels d'offres ultérieures de l'administration fautive.

Source : Savas, (E.S.), *op. cit.*, p. 283.

CHAPITRE III

LE PROCESSUS D'UNE PRIVATISATION CORRECTE ET TRANSPARENTE

Section 1 : Le schéma d'une privatisation correcte et transparente

§ 1. *Prise d'une loi spécifique sur les privatisations*

La privatisation du capital étant une aliénation du patrimoine national, celle-ci doit être menée de manière correcte et transparente de sorte qu'elle puisse bénéficier à l'ensemble de la population. Autrement dit, la vente du patrimoine national ne doit pas se traduire par le bradage de celui-ci. Elle doit plutôt aboutir au versement effectif au compte du Trésor du montant représentant la contre-valeur de ce patrimoine et ne pas se traduire par des problèmes sociaux insolubles.

Jean-Philippe Colson présente les étapes du programme de privatisation tel qu'il a été adopté en France. Compte tenu de la pertinence de ce programme, nous estimons nécessaire d'en faire un commentaire sous forme d'un agenda pouvant être tenu pour une privatisation transparente et correcte[1].

---

[1] Cet agenda est inspiré de Colson, *op. cit.*, pp. 128-142.

La constitution de la RDC faisant ressortir la création des entreprises publiques de la Loi, il est évident que leur privatisation doit être soumise à un agenda strict, pour des raisons qui tiennent à la délicatesse de la question.

Ledit agenda de la privatisation devrait commencer par l'élaboration et l'adoption d'une Loi portant notamment champ d'application de la privatisation, opérations préalables au transfert et mesures de protection des intérêts nationaux.

A ce sujet, Bombito Botomba souligne : « La privatisation implique à la fois volonté politique, cadre juridique et choix économique »[1].

En France, la privatisation a été organisée par la loi du 6 août 1986 prise pour l'application de celle du 2 juillet 1986 et modifiée par celle du 19 janvier 1993. Toutes ces lois ont été prises sous l'impulsion de la droite française, lorsqu'elle est arrivée au pouvoir, en période de cohabitation. La loi du 2 juillet 1986 établissait la liste de 65 entreprises vouées à la privatisation, laquelle devait être à celle du 6 août 1986.

La loi du 19 juillet 1993, quant à elle, établissait 21 opérations de privatisation des entreprises publiques. Cette liste ayant été soumise à l'adoption du Parlement, on peut en conclure que ces mesures

---

[1] Bombito Botomba, *Les privatisations au Zaïre*, Mémoire projet de maitrise, Louvain, 1992-1993, p. 67.

de privatisation répondaient aux conditions de transparence et de sincérité.

Toutefois, ces lois limitaient le champ de privatisation dans le respect de la Constitution française de 1946 qui stipule à l'alinéa 9 du préambule : « Tout bien, toute entreprise dont l'exploitation a ou acquiert les caractères d'un service public national ou d'un monopole de fait doit devenir la propriété de la collectivité ».

En RDC, une série de lois ont été prises pour conférer un caractère juridique aux opérations de privatisations à venir. Bien que ces lois utilisent les expressions du genre « désengagement « ou « transformation », il ne fait l'ombre d'aucun doute qu'il s'agit des lois qui consacrent la politique de privatisation en RDC.

Il y'a lieu de mettre particulièrement en exergue la loi n° 08/008 du 07 juillet 2008 portant dispositions générales relatives au désengagement de l'Etat des entreprises du portefeuille. Toutefois, pour passer à la phase concrète de privatisation, une loi spécifique comportant à son annexe la liste des entreprises publiques concernées devra être élaborée et soumise au parlement.

§ 2. *Décision de recourir à la privatisation*

A partir du moment où ladite loi spécifique existe et où la liste des entreprises privatisables est établie, il doit être laissé au Gouvernement la latitude d'engager la procédure de privatisation. Ainsi, chaque opération ferait l'objet d'un décret du Président de la République ou du Premier Ministre au cas où il y en aurait.

Le même Gouvernement prendrait des mesures pour nommer les membres d'un directoire chargé d'assurer la gestion des affaires courantes de ladite entreprise et de préparer les opérations de transfert. En effet, la privatisation doit se préparer techniquement.

La loi sur la privatisation pourrait par exemple prévoir que le transfert des filiales des entreprises à privatiser puisse intervenir de manière séparée et que la cession des participations publiques se réalise par tranches successives.

§ 3. *Décision de la commission de privatisation*

La privatisation des entreprises publiques doit intervenir dans un contexte débarrassé de toute influence politique. La loi doit ainsi prévoir la création d'une commission formée des personnalités libres et indépendantes pouvant garantir la clarté et la transparence des opérations. Ces personnalités ne doivent avoir aucune affinité avec les Conseils d'Administration ou les dirigeants des entreprises publiques concernées. En d'autres termes, elles ne doivent être ni Présidents Délégués Généraux ni Administrateurs des entreprises concernées par la privatisation. Elles ne doivent pas non plus provenir du Conseil Supérieur du Portefeuille, dont les agents vivent dans une promiscuité remarquable avec les responsables des entreprises publiques[1].

Delpérée affirme ainsi : « La mise en œuvre de cette réforme nécessite la constitution d'une commission d'experts pour préparer son application concrète à chaque entreprise, en ce y compris l'analyse critique de sa mission, et plus largement pour favoriser la coordination entre l'entreprise publique, au niveau national et, le cas échéant, au plan international »[2].

Le rôle de la commission peut se résumer comme suit :

· Evaluer l'importance des entreprises à privatiser, conformément à la loi en la matière. Cette évaluation doit être rendue publique et le prix de cession établi par le Ministre des Finances[3] ne peut en être inférieur ;

· L'avis de la commission d'Experts doit avoir un caractère obligatoire ;

· D'après la jurisprudence du Conseil Constitutionnel et du Conseil d'Etat, la commission

---

[1] Une Commission idéale serait constituée d'un professeur de droit, d'un professeur d'économie, d'un inspecteur des finances, d'un membre de la Cour des comptes et d'un cadre de la Banque Centrale du Congo.

[2] Delpérée (F), *op. cit.*, p. 19.

[3] De concert avec celui du Portefeuille.

doit évaluer les entreprises « selon les méthodes objectives couramment pratiquées en matière de cession totale ou partielle d'actifs de sociétés, en tenant compte de la valeur boursière des titres, de la valeur des actifs, des bénéfices réalisés, de l'inexistence des filiales et des perspectives d'avenir»[1].

A notre avis, cette commission ad hoc doit être différente de la COPIREP créée en RDC et dont les missions sont parfois difficilement perçues au pays[2].

Tableau n° 9 : Le cadre institutionnel des privatisations dans deux pays d'Amérique Latine

A) Argentine	
Principaux organes responsables du processus de privatisation :	Unité spéciale au sein du ministère de l'économie et des finances. Différents secrétariats au sein des ministères de l'Economie (y compris Energie, Transport et Travaux Publics) et de la Défense… Différentes commissions de privatisation établies pour chaque entreprise à privatiser.
Fondement légal :	Loi du 15 septembre 1989 relative à la forme de l'Etat.
Structure interne et effectifs :	L'unité spéciale est dirigée par un sous-secrétaire aux privatisations. Les différentes commissions de privatisation, dirigées chacune par un

[1] Colson, *op. cit.*, pp. 128-142.

[2] Comité du dépistage de la réforme des entreprises publiques.

	directeur exerçant ses fonctions à plein temps, sont composées de représentants de l'unité spéciale, des secrétariats concernés, de l'entreprise à privatiser, ainsi que des membres des exécutifs provinciaux et municipaux et des vérificateurs de comptes.
Fonctions :	L'unité spéciale est chargée d'assurer l'uniformité et la transparence des procédures. Les différents secrétariats supervisent l'exécution des opérations de privatisation. Les commissions de privatisation procèdent au transfert des entreprises au secteur privé.
Degré d'autonomie :	Une commission parlementaire bicamérale représentant les différents partis politiques devait, dans un premier temps, ratifier la plupart des opérations de privatisation. Les pouvoirs de la commission parlementaire ont été diminués par la suite : il est maintenant prévu que lorsqu'elle ne prend pas position dans un délai de trente jours, la privatisation peut avoir lieu. La commission de privatisation jouit d'une large autonomie quant aux modalités de l'opération de privatisation dont elle a la charge. Son directeur rend compte de ses activités au chef d'entreprise ou au secrétariat concerné.
Autres acteurs :	Le Ministère de la Défense intervient lorsque des entreprises dont il a la charge doivent être privatisées.

	La législation argentine requiert qu'un organisme public évalue chaque entreprise et fixe un prix de vente minimum. Dans la plupart des cas, les évaluations ont été réalisées par l'agence chargée de l'audit des entreprises publiques, Sindicature General de Empresas Publicas ou par la Banque de développement, Banco Nacional de Desarrollo (BANADE). Chaque commission de privatisation peut engager des juristes, des experts financiers et des spécialistes du secteur concerné pour les entreprises et de rédiger les documents d'appel d'offres et les contrats de transfert de propriété.
B) Pérou	
Principaux organes responsables du processus de privatisation :	Commission pour la protection de l'investissement privé (COPRI). Différents comités spéciaux (CEPRI) établis pour chaque entreprise à privatiser.
Fondement légal	Décret n°674 du 25 septembre 1991 relatif à l'investissement privé dans les entreprises publiques.
Structure interne et effectifs	La COPRI est une commission interministérielle, composée de 6 membres du gouvernement, nommés par le Président de la République. Un secrétariat technique, de taille réduite, a été créé en février 1992 pour assister la COPRI. Les membres de chaque CEPRI sont nommés par une

	résolution suprême de l'exécutif sur proposition de la COPRI. Ils viennent en majorité du secteur privé et ils ne peuvent, en règle générale, être employés au sein de l'entreprise à privatiser.
Fonctions	La COPRI établit la liste des entreprises à privatiser, désigne les membres des CEPRI responsables de l'exécution des opérations de privatisation pour chaque entreprise particulière, et supervise le travail de chaque CEPRI. Chaque CEPRI prépare, pour l'entreprise dont il est responsable, un plan pour la promotion de l'investissement privé. Ce plan comprend une description des modalités de transfert de l'entreprise au secteur privé, une évaluation de la valeur de cette entreprise ainsi qu'un calendrier des opérations à accomplir. Une fois ce plan approuvé par la COPRI, le CEPRI est responsable de son exécution.
Degré d'autonomie	Toutes les décisions importantes de la COPRI doivent être ratifiées par l'exécutif. Il en est ainsi, par exemple, de l'établissement de la liste des entreprises à privatiser, de la désignation des membres de chaque CEPRI et de l'approbation donnée par la COPRI aux plans qui lui sont présentés par les CEPRI. Les CEPRI font régulièrement rapport de leurs activités à la COPRI. Chaque CEPRI a compétence exclusive pour régler les litiges en rapport avec les opérations de privatisation qu'il conduit.

Autres acteurs	Chaque CEPRI peut avoir recours aux services de cabinets conseils. La COPRI peut en faire autant pour identifier, par exemple, les réformes structurelles qui doivent être réalisées dans un secteur économique donné avant que les privatisations n'aient lieu.

Source : Guislain (P), *op. cit.*, p. 183.

§ *4. L'opérationnalisation de la vente et rôle clé du Ministre des Finances*[1]

Conformément à la Loi financière, c'est au Ministre des Finances qu'incombe le rôle d'assurer les encaissements et les décaissements au compte de l'Etat. La privatisation ayant pour finalité de réaliser un bien du patrimoine de l'Etat, le Ministre des Finances doit être le personnage clé de cette opération. Il devra néanmoins agir de concert avec son collègue du portefeuille. Il convient en effet d'éviter une dispersion d'efforts par l'intrusion dans l'opération des autorités n'ayant aucun rapport direct avec le compte du Trésor, ce qui pourrait se traduire par une dilapidation des fonds provenant de la privatisation[2].

---

[1] Ministère des Finances, à comprendre comme incluant économie, finances et portefeuille.

[2] Lire à ce sujet Loi du 13 juillet 2011 relative aux finances publiques qui fait du Ministre des Finances l'Ordonnateur des recettes et Magain (A), op.cit., p.190, qui précise qu'en Belgique,

Les opérations de transfert de propriété doivent se faire sous la forme d'une vente publique d'actions, sur base du prix de cession proposé par la commission.

Ainsi, un lot d'actions (par exemple entre 5-10%) devra être réservé aux salariés de l'entreprise à privatiser. Ces derniers devront bénéficier d'un certain nombre d'avantages comme le rabais de pourcent, des délais raisonnables de paiement, voire une attribution gratuite d'actions, etc.

Faisant allusion à l'expérience française, Jacques Bourdon et al précisent : « Mais on a retenu l'idée selon laquelle les salariés des entreprises privatisées devaient disposer de certains avantages. Ces avantages prévus par la loi de privatisation sont triples. En premier lieu, des titres devaient obligatoirement être proposés par l'Etat, dans la limite de 10 % du montant de l'opération, aux salariés de l'entreprise ou des filiales majoritaires ainsi qu'aux anciens salariés qui y avaient travaillé plus de cinq ans. Techniquement les titres pouvaient, soit être offerts directement aux salariés, soit être cédés à l'entreprise sous la réserve que celle-ci, à son tour, les rétrocède à ses salariés dans un délai d'un an (...).

Par ailleurs, chaque salarié ne pouvait obtenir un nombre de titres que dans la limite du montant de

---

seul le Ministre des Finances est autorisé à aliéner par voie d'adjudication publique, au mieux des intérêts du Trésor, les immeubles domaniaux de toute nature. Voir également le tableau relatif à l'affectation du produit de la privatisation.

cinq fois le plafond annuel de la sécurité sociale (ce plafond étant, au 31 décembre 1986, de 112.000 francs). En second lieu, les salariés des entreprises privatisables se voyaient proposer les titres avec un rabais sur le prix de cession. Ce rabais pouvait aller jusqu'à 20 % de ce dernier »[1].

Les personnes morales immatriculées en RDC ou d'origine étrangère installées en RDC depuis de nombreuses années (ayant par conséquent une bonne connaissance du milieu) pourraient notamment être sollicitées en priorité. Ensuite, seraient prises en considération les personnes morales installées à l'étranger, disposant des capitaux importants et d'une expertise, avérée en la matière.

Quant au paiement proprement dit des titres, celui-ci devrait se faire soit au compte général du Trésor contre remise d'une quittance spéciale, soit à un sous-compte du Trésor à ouvrir dans toutes les banques privées à Kinshasa et à travers les villes de l'intérieur du pays. S'agissant des recettes provenant de la privatisation, celles-ci peuvent être affectées : à l'agriculture, à la santé, à la reconstruction et aux infrastructures, etc.

---

[1] Bourdon (Jacques), Ponthier (J.P.) et Ricci (J.c.), « les privatisations en France », in *Annuaire Européen d'Administration Publique*, vol XI, 1988, p. 138.

Tableau n° 10 : Affectation du produit de la privatisation dans quelques pays

Pays	Modalités d'affectation des recettes de privatisation
Allemagne	L'article 5, alinéa 1, de la Loi relative à la Treuhand dispose que « les recettes de la Treuhandansalt serviront principalement à l'ajustement structurel des entreprises (...) et accessoirement à des contributions au budget de l'Etat et pour couvrir les dépenses courantes de la Treuhandansalt, les recettes seront employées en accord avec le Conseil des ministres ». L'article 25 du Traité d'unification d'août 1990 prévoyait que « les recettes de la Treuhandansalt peuvent aussi servir, dans des cas individuels, à alléger la dette des entreprises agricoles».
Bulgarie	L'article 6, alinéa 1, de la Loi de privatisation d'avril 1992 prévoit que les recettes de la privatisation doivent être versées sur un compte spécial servant à financer cinq fonds spéciaux distincts : un fonds pour la privatisation (destiné à couvrir les frais), un fonds mutuel (dont les parts doivent être distribuées à la population, aux anciens propriétaires expropriés et aux caisses de sécurité sociale), un fonds pour la sécurité sociale, un fonds pour la reconstruction et le développement et un fonds agricole.
France	Un compte spécial du Trésor a été créé par la loi n° 86-824 du 11 juillet 1986 (premier amendement à la loi de finances pour l'exercice 1986) pour recevoir toutes les recettes des opérations de privatisation. Côté

	recettes, le compte spécial devait être crédité du produit des ventes d'actions, des certificats ou autres titres et droits sur les entreprises dont la cession au secteur privé a été autorisée par la loi. Il ne devait pas recevoir les recettes des ventes de parts ou de droits relatifs à des entreprises non avisées par la loi de privatisation parlementaire). Côté dépenses, le compte spécial pouvait être utilisé, d'une part, pour les remboursements de la dette publique par transfert au fonds d'amortissement de la dette nationale, au fonds pour l'industrie nationale et au fonds pour les banques nationales et, d'autre part, pour les dotations en capital au profit des entreprises appartenant à l'Etat, par transferts à un autre compte spécial.
Hongrie	L'article 6 de la loi de finances pour l'année 1993, adoptée le 17 décembre 1992, précise qu'une partie des recettes de la privatisation doit être allouée à l'agence des biens d'Etat pour couvrir les dépenses que cette dernière a effectuées dans le cadre de la mise en œuvre du programme de privatisation. La loi stipule en outre que trois fonds différents, le fonds pour l'emploi, le fonds pour le développement Provincial et le fonds pour la reconstruction et la conversion de l'agriculture, doivent également recevoir une part des revenus de la privatisation.
Mexique	La vente d'entreprises publiques a rapporté au gouvernement plus de 21 milliards de dollars et pratiquement la totalité de cette somme a été affectée au remboursement de la dette

	publique. Voir New York Times, 27 octobre 1993.
Nouvelle - Zélande Royaume -Uni	Les recettes affectées à l'exécution des opérations au budget général de l'Etat.
Philip-pines	L'article 34 de la Proclamation présidentielle n°50 prévoit que les recettes de la privatisation, nettes des dépenses subies par le fonds pour la privatisation des actifs, font partie des recettes générales de l'Etat et doivent être remises au Trésor dès leur réception. Le fonds peut, cependant, conserver, avec l'approbation du comité de privatisation, composé des membres du gouvernement, la part des recettes jugée nécessaire pour maintenir un fonds de roulement devant servir au paiement des frais et dépenses subis par le fonds pour entretenir et céder les actifs détenus par lui, ou d'autre manière, dans l'exercice de ses - responsabilités en vertu de la présente proclamation.
Porto-Rico	La loi autorisant la privatisation des télécommunications prévoyait que, sur les recettes nettes totales, au moins un milliard de dollars US devraient être attribués au fonds permanent pour le développement de l'éducation et au moins un milliard de dollars US iraient au fonds permanent pour l'infrastructure, lesdits fonds devant servir exclusivement à financer des projets dans deux secteurs. Toutefois, l'opération n'a jamais eu lieu.

Source : Guislain (P), *op. cit.*, p. 156.

Section 2 : Les mesures pour protéger les intérêts supérieurs de la Nation congolaise

La privatisation est une opération politiquement, économiquement et socialement délicate. Elle doit être menée de manière prudente, pour ne pas mettre en péril les intérêts vitaux de la nation. Il est légitime de chercher à attirer des capitaux frais. Il faut cependant éviter que l'Etat donne l'impression d'abandonner la population à elle-même ou de laisser son sort entre les mains des hommes d'affaires sans état d'âme qui n'hésiteraient pas à prendre des mesures drastiques, de nature à spolier les acquis sociaux des salariés.

§ 1. *L'action spécifique*

Parmi ces mesures nous citons : le recours à l'action spécifique qui permet à l'Etat de conserver une quantité des titres de la société privatisée. Cette action spécifique donne au Gouvernement certains droits notamment l'agrément préalable, par les Ministres des Finances et du portefeuille, des prises de participation ultérieures dans le capital de l'entreprise, la nomination au Conseil d'Administration ou au Comité de Surveillance d'un ou de deux représentants de l'Etat par décret et sans voix délibérative, le pouvoir de s'opposer aux décisions de cession de certains actifs ou de leur affectation à titre de garantie, qui serait de nature à porter atteinte aux intérêts nationaux. Tout projet de cession desdits actifs doit être déclaré au Ministre des Finances qui dispose d'un délai d'un mois pour s'y opposer. Cette limitation de l'action des dirigeants des entreprises privatisées a pour but d'assurer un contrôle a posteriori dans le cadre notamment de la protection des intérêts vitaux de la Nation liés à certaines catégories d'entreprises dites stratégiques (transports routiers, fluviaux et chemins de fer, eau et électricité, etc.).

§ 2. *Limitation de l'accès de certains capitaux étrangers*

La Loi de 1986, en France, limitait à un maximum de 20 % le montant du capital des entreprises privatisées pouvant être cédé à des personnes de nationalité étrangère. En France, d'après Jacques Bourdon et al, l'idée de base est que « les entreprises privatisées ne doivent pas, pour certaines d'entre elles, passer sous contrôle « étranger », ce qui pourrait constituer une atteinte à l'indépendance de la France. Il est donc institué un contrôle des participations financières étrangères: ne peut être acheteur qui le souhaite »[1].

En ce qui concerne la R.D.C., il est clair que notre souci est d'attirer les capitaux étrangers compte tenu de l'exiguïté des financements locaux. Cependant, la loi doit expressément écarter les étrangers pouvant être considérés comme

[1] Bourdon (J.) et al., *op. cit.*, p. 132.

indésirables, car ayant, dans le passé, été mêlés à des cas de fraude ou tueries en R.D.C. : anciens mauvais gestionnaires, personnes impliquées dans le trafic et la fraude des matières précieuses ou dans la fabrication ou l'importation de la fausse monnaie, personnes impliquées dans le pillage des ressources naturelles de la RDC, membres des milices armées, repris de justice, etc.

Tableau n° 11 : Restrictions à la participation étrangère

Pays	*Mesures adoptées*
Brésil	L'article 13 de la Loi n° 8031 de 1990 (art. 44 du Décret n° 724 de janvier 1993) limite la participation des étrangers à 40 % des actions avec droit de vote. En outre, il était initialement exigé que les fonds investis dans le programme de privatisation par des étrangers utilisant la conversion de dette en capital restent au Brésil durant au moins 12 ans, que la participation dans une société privatisée acquise à l'aide de ces fonds soit détenue durant deux ans au cours desquels l'investisseur étranger n'était autorisé à rapatrier aucun fonds. Toutefois, vu la faible participation des étrangers aux premières privatisations par vente aux enchères, le gouvernement brésilien a ultérieurement levé ces restrictions dans l'espoir de stimuler l'intérêt des investissements étrangers pour les privatisations futures. Une mesure provisoire adoptée le 26 octobre 1993 et

	renouvelée tous les trente jours depuis lors, permet aux étrangers d'acquérir 100 % des actions d'entreprises publiques privatisées.
Burkina-Faso	L'article 10 de l'Ordonnance n° 91-10044/PRES de juillet 1991 donne au ministre chargé du suivi de la gestion des sociétés de l'Etat le pouvoir de réserver la priorité, dans le cadre des opérations de privatisation, à des personnes physiques ou morales de nationalité burkinabé, une part déterminée de chaque opération concernée.
France	L'article 10 de la Loi d'août 1986 interdisait que le montant total des titres cédés directement ou indirectement par l'Etat à des personnes étrangères excède 20 % du capital de l'entreprise. Cette disposition a été modifiée par l'article 8 de la loi de juillet1993 qui stipule que ce plafond ne s'applique pas aux investissements communautaires.
Sénégal	L'article 11 de la Loi n° 87-23 d'août 1987 portant privatisation d'entreprises stipule: « pour chaque entreprise, le Ministre chargé du portefeuille de l'Etat fixe la proportion des titres susceptibles d'être cédés en priorité aux personnes physiques ou morales de nationalité sénégalaise ».
Tchad	L'article 9 de l'Ordonnance n° 017/ PR/92 d'août 1992 portant autorisation du désengagement de l'Etat dans les entreprises prévoit : « Lors de la vente et/ou cession d'actifs détenus par l'Etat, priorité est accordée aux personnes physiques ou morales de nationalité tchadienne. L'arrêté du Ministre du Commerce et du

	Développement Industriel pris en vertu de l'article 7 de la présente ordonnance fixe le nombre ou la proportion des titres qui seront offerts en priorité de même que la période de validité de l'offre. A l'expiration de la période fixée, la vente des titres restants n'est plus assujettie à cette priorité ».
Tchécoslovaquie	L'article 3 de la Loi de décembre 1990 relative aux petites privatisations prévoit que seuls les nationaux de la République Fédérale Tchèque et Slovaque et les sociétés ou autres entités juridiques dont tous les propriétaires ou membres sont des nationaux peuvent devenir propriétaires des entreprises ou des biens privatisés en vertu de cette loi. La Loi relative aux grandes privatisations ne contient pas, quant à elle, une telle restriction.

Source : Guislain (P.), *op. cit.*, p. 145.

§ 3. ***Restriction de la participation de certains Congolais***

La loi peut prévoir que d'anciens dirigeants congolais accusés d'enrichissement illicite et condamnés par des Cours et Tribunaux ne puissent acquérir des actions en dépassement d'une quotité bien déterminée. Elle pourrait également disposer qu'en tout état de cause de telles personnes, quand bien même elles achèteraient des actions, ne devraient pas exercer des fonctions au sein des

Conseils d'Administration ou des directions importantes des entreprises. Cette restriction aurait l'avantage de permettre, somme toute, le rapatriement des fonds détenus par certains nationaux à l'extérieur sans toutefois énerver l'opinion publique qui craint que ceux qui se sont illicitement enrichis dans les allées du pouvoir n'utilisent leur argent pour dépouiller le patrimoine national.

Le législateur peut cependant concevoir les choses autrement : privilégier plutôt l'opération de rapatriement des fonds des Congolais détenus à l'étranger en n'établissant pas de distinction basée sur l'origine de ces fonds.

CHAPITRE IV

LE BILAN DES PRIVATISATIONS EN RDC

Section 1 : Déclenchement des opérations : 1982

La grande campagne des privatisations a été lancée en 1982, suite à la décision du gouvernement du 12 février 1982 relative aux entreprises publiques privatisables. Cette décision portait sur un engagement de privatiser la gestion de quatre entreprises et le capital de 34 autres unités. On retrouve sur cette liste, des plantations, des fermes, des hôtels, des imprimeries, des boulangeries, des écoles, des entreprises de transport urbain, etc.[1]

D'après Bombito Botomba, ce mouvement avait déjà atteint en 1994 plus de 51 entreprises conformément au tableau ci-après:

Tableau n° 12 : Répartition géographique des entreprises privatisées depuis 1982

Ville de Kinshasa	9
Bas-Zaïre	10
Bandundu	5
Equateur	4
Kasai- Occidental	3
Kasaï-Oriental	8

[1] Bombito Botomba, *op. cit.*, pp. 52-53.

Haut-Zaïre 8	8
Shaba	7
Kivu	3

Source : Conseil Supérieur du Portefeuille, cité par Bombito, *op. cit.*, p. 50.

L'opération a connu une nouvelle impulsion en 1988 lorsque le Conseil Exécutif prit la décision de privatiser une vingtaine d'entreprises et unités de production. Parmi celles-ci, on retrouvait les entreprises UMAZ (Usine de Matériel Agricole), Palmeza, Usine de plantation de thé de Butuhe, Agrifor Mayumbe, Comingem, etc. (voir annexe).

Toutefois, il résulte de l'analyse que ces opérations ont été effectuées sans constitution préalable d'une commission d'experts et sans appels d'offres. Ainsi, à ce jour, aucun dossier ne permet de savoir exactement si ces opérations ont rapporté de l'argent frais à l'Etat et qu'elle en a été la destination. D'où, la nécessité d'opérer une privatisation transparente en RDC, basée sur une loi clairement définie. D'autant plus que les opérations qui ont été entreprises à partir de 1995 par le Gouvernement - Banque Congolaise du Commerce Extérieur (BCCE), Société Nationale des Chemins de Fer du Congo (SNCC), Office National de Transport (ONATRA) - ne semblent pas avoir acquis l'adhésion d'une frange importante de la population. Elles n'ont, du reste, pas atteint le résultat escompté, celui de relancer les activités desdites unités de production.

Tableau n° 13 : Principes garantissant l'Etat de droit

· La publicité des lois permet à toutes les parties concernées de prendre connaissance des lois qu'elles sont censées respecter. · La clarté et la certitude du cadre juridique permettent auxdites parties d'identifier les lois qui s'appliquent à leur situation et d'en déterminer la signification concrète. · La prévisibilité dans l'application des règles de droit réduit les risques liés aux changements relatifs à l'interprétation et à l'application des lois. · Le principe de non-discrimination dans l'application des règles de droit suppose l'imposition des mêmes obligations à toutes les parties se trouvant dans une situation identique. L'existence des voies de recours juridiques et le respect des procédures prévues garantissent l'accès à des mécanismes indépendants de recours et de règlement des différends. • La stabilité du cadre juridique, politique et décisionnel donne aux investisseurs l'assurance que l'Etat ou le gouvernement ne modifiera pas unilatéralement et défavorablement les conditions essentielles sur lesquelles ils fondent leurs décisions d'investissement.

Source : Guislain (P), *op. cit.*, p. 50.

Section 2 : Evaluation de quelques unités privatisées entre 1982 et 1989

La privatisation des entreprises publiques en RDC, pendant la période de 1982 à 1989, a fait l'objet d'un rapport au niveau du Conseil Supérieur du

Portefeuille, dont voici ci-dessous, quelques traits essentiels[1].

§ 1. ***Les entreprises publiques***

A. *La privatisation de gestion*

1. *L'Office des Transports en Commun du Congo* (OTCC)

Création : Ordonnance n° 72-203 du 5 mai 1978.
Siège social : Kinshasa.
Objet social : Transport en commun.
Gestion privatisée : Décision d'Etat n° 07/CC/81 du 9 juin 1981 ; décision du Conseil Exécutif du 12 février 1982.
Cession : Protocole d'accord signé entre la RDC représentée par le Portefeuille et l'Industrie congolaise des Automobiles Leyland Sarl.
Résultats constatés : échec ; causes de l'échec : manque d'un tarif réaliste pour des raisons sociales édictées par l'Etat ; le déficit devrait être couvert par l'Etat à titre de manque à gagner. Rien n'a été fait dans ce sens.

2. *Les Palmeraies du Zaïre* (Palmeza)

Création : entreprise publique du secteur Agro-industriel, créée par Ordonnance n° 78-405 du 3 octobre 1978.

[1] Il s'agit du rapport Binzunga Mambwana du 5 février.

Siège social : Gosuma (District de l'Ubangi, Province de l'Equateur).

Objet social : gérer et exploiter des plantations industrielles des palmiers à l'huile.

Gestion privatisée : Décision du Conseil Exécutif du 12 février 1982.

Cession : Protocole d'accord signé entre la RZ représentée par le Portefeuille et Scibe-Zaïre, le 26 mai 1983 ; durée : 4 ans.

Résultats constatés : échec. D'où la décision du Conseil Exécutif de privatiser totalement le capital social de l'entreprise (cf. Lettre du Portefeuille n° DDPFF/CAB/00171/88 du 28 février 1988). Autres difficultés rencontrées : privatisation conditionnée par une concertation entre le Conseil Exécutif et le FED, suivant les clauses de financement du Projet.

3. *Air Zaïre* (Lignes Aériennes Congolaises, LAC)

Création : Entreprise publique du secteur de Transport aérien créée par Ordonnance n° 78-205 du 5 mai 1978.

Siège social : Kinshasa.

Objet social : transport aérien.

Gestion privatisée : Programme de redressement Air Zaïre et U.T.A. élaboré en octobre 1985, sur décision du Conseil Exécutif.

Cession : Contrat de gestion signé le 12 décembre 1985 entre le Conseil Exécutif et l'U.T.A.; durée : six ans.

Résultats constatés : la situation de trésorerie d'Air Zaïre ne s'est guère améliorée. Air Zaïre redevient entreprise publique suivant Arrêté Interdépartemental n° DPF/CAB/CE/010/88 du 4 novembre 1988 signé conjointement par le Département du Portefeuille et des Transports et Communications.

4. *Hôtel Karavia*

Création : jusque-là pas de statuts d'une entreprise publique.

Siège social : Lubumbashi (Katanga).

Objet social : exploitation secteur d'hôtellerie.

Gestion privatisée : contrat d'assistance signé entre la R.Z. et la Chaîne française d'hôtels UTH en 1975 ; autre contrat de gestion signé entre la R.Z. et la chaîne Sheraton Overseas Management Corporation en 1985.

Résultats : satisfaisant, depuis le contrat signé avec Sheraton en 1985, qui alloue au Gérant une redevance de base égale à 5 %, sur le chiffre d'affaires et une prime d'intéressement égale à 15 % du résultat brut d'exploitation.

B. *La privatisation partielle du capital*

1. *Société d'exploitation sidérurgique* (SOSIDER)

Création : Ordonnance-Loi n° 72-021 du 28 mars 1972.

Siège social : Maluku (Kinshasa).

Objet social : exploitation sidérurgique.

Gestion privatisée : contrat du type « clef sur porte » couvrant une période de cinq ans, entre la R.Z. et un groupe d'industriels italiens et français, à l'issue de laquelle SOSIDER deviendra SIDERNA. Un imbroglio juridique s'en est suivi.

Cession : Décision n° DPF/BCE/0002/80 du 22 février 1980 relative à la création d'un Comité de Gestion transitoire; Protocole d'accord conclu entre la R.Z. (Portefeuille) et Projet CIR (Consolidated Iron Ressources, Ltd), le 31 août 1989.

Résultats : échec et liquidation de l'entreprise.

2. *Entreprise Minière de Kisenge-Manganèse* (EMK-Mn)

Création : Ordonnance n° 82-186 du 19 novembre 1982.

Siège social : Lubumbashi (Katanga).

Objet social : entreprise publique du secteur minier.

Gestion privatisée: activités en veilleuse depuis plus de 11 ans, la R.Z., par lettre OPF/CAB/00057/88 du 21 janvier 1988, accepte les propositions de Multi Systems International de M. Giovanni.

Cession : propositions restées lettres mortes.

3. *Société Immobilière Kinoise* (S.I.K.)

Siège social : Kinshasa

Objet social : construire, acquérir, être propriétaire, exploiter les immeubles et les appartements.

Capital social : 1.275.000 Zaïres anciens dont 637.000 souscrits par la RDC soit 50 %.

Le Conseil Exécutif décida le 13 mai 1988 la privatisation de ses parts d'actions dans le capital social de S.I.K.

Aucune demande d'achat n'a été enregistrée par le Portefeuille.

4. *Zaïre Motor Ltd*

Siège social : Lubumbashi, Av. Lomami, n° 35.

Objet social : achat, vente, revente du matériel automobile et électrique.

Capital social : 270.000 Zaïres anciens, représenté par cent mille parts sociales dont 40.000 pour la RDC.

Privatisation des parts sociales de l'Etat décidée le 13 mai 1988 par le Conseil Exécutif.

5. *Compagnie Agricole et Forestière du Mayumbe* (Agrifor)

Création : 1924 sous forme d'une Société anonyme de droit belge, installée à Lemba (Bas-Congo).

Constituée le 10 décembre 1961, sous forme de Société congolaise par Actions à Responsabilité Limitée, en application de la loi du 17 juin 1960.

Zaïrianisée et reprise par l'Etat congolais en mai 1974, en application des mesures économiques du 30 novembre 1973.

Rétrocession intervenue le 10 avril 1978, les actionnaires privés détiennent 60 % des actions dans le Capital social, tandis que l'Etat conserve 40 % restants.

Objet Social : Exploitation forestière.

Suite à la mauvaise gestion et compte tenu des difficultés financières, l'option a été prise de vendre les 40 % d'actions représentant la participation de l'Etat dans cette entreprise.

6. *Combinat Industriel de Gemena* (Comingem)

Siège Social : Kinshasa.

Objet Social : Culture et industrie, la savonnerie, la fabrication de graisse alimentaire, le commerce, la distribution et l'exportation de tous produits oléagineux.

Capital Social : 2.000.000 Zaïres anciens dont 20% pour l'Etat congolais.

Incapacité de l'entreprise de s'adapter aux conditions de son environnement économique.

Irrégularité en approvisionnement des matières premières.

La décision du Conseil Exécutif relative à la privatisation de ses parts n'a jamais trouvée de repreneurs.

Non-respect par l'Etat de ses engagements envers cette entreprise.

7. *Compagnie de Grands Elevages de Katongola* (GREL-KA)

Ses statuts résultent du Protocole d'accord signé le 27 février 1978 entre la RDC et la Compagnie Bruxelles Lambert S.A.

Protocole approuvé par l'Ordonnance présidentielle n° 79113 du

40 % du Capital social à l'Etat congolais.

Ses activités s'exercent dans un secteur où l'Etat se réserve le droit d'intervention.

Privatisation: Cession des parts de l'Etat au profit de l'Office National de Développement de l'Elevage (O.N.D.E.).

8. *Société Agricole et Cotonnière de l'Est congolais* (Estagrico)

Cession des parts de l'Etat à FILTISAF, le 9 mai 1985 et ce, par lettre du Portefeuille n° DPF/CABI00444/85.

Le prix de cession des parts de l'Etat dans la Société « Estagrico » a été fixé à Z. 2.221.357,00.

Signature le 25 mai 1985, du contrat sanctionnant la vente à Filtisaf de la totalité des parts de l'Etat, entre les deux parties.

Le solde, soit Zaïres 1.554.950 a été payé en 3 ans conformément à un échéancier de 1986 à 1988.

9. *Société de Distribution d'Automobiles du Zaïre* (SODIAZ)

Cession en date du 25 septembre 1989, des 20 % des parts de l'Etat dans la SODIAZ aux actionnaires.

Notification de la cession des parts de l'Etat au président du Conseil d'Administration de la SODIAZ, le 14 novembre 1989 et ce, par lettre du C.S.P. n° 03/MW /05986/89.

La valeur de la Cession de la participation de l'Etat au capital de la SODIAZ s'élève à Z 35.170.161,32 aux citoyens Tudu Bianga, Takizala Luyan et Dangbele Djinda respectivement pour 10 %,5 % et 5 %.

10. *Cotonnière du Lualaba* (COTOLU)

S.A.R.L. dont le siège social est installé à Dilolo (Katanga).

Objet : Exploitation de coton et sa culture

Capital social: Z. 2.000.000, représenté par 1000 parts dont 25 % pour la RDC.

Privatisation : la publicité relative à la cession des actions de l'Etat a été faite par la décision du Conseil Exécutif du 13 mai 1988 portant publication de la liste des entreprises à privatiser totalement ou partiellement.

Aucune demande de cession n'a été enregistrée.

11. *Industrial Promotion Services* (I.P.S.)

Groupe multinational créé en 1963 à Genève (Suisse).

Société Internationale de Développement ayant axé ses efforts sur la création et le renforcement d'entreprises privées dans les pays du tiers-monde et sur l'introduction des technologies adaptées aux besoins de l'Afrique et de l'Asie.

L'Etat congolais possède 34,5 % du capital de l'I.P.S./Zaïre et 1,30 % des parts dans I.P.S./Suisse. I.P.S./Suisse n'a jamais versé de dividendes à l'Etat congolais contrairement à l'I.P.S./Zaïre qui n'a connu aucun retard.

Les conditions offertes par le fonds AGA KHAN pour le rachat des actions détenues par le Zaïre dans l'I.P.S./Suisse étaient basées sur la valeur boursière de l'action I.P.S./Suisse au 31 décembre 1984 ;

Après analyse, le résultat dégagé est loin de justifier le maintien de la participation de l'Etat congolais dans cette société.

Nécessité de relancer l'offre du Fonds AGA KHAN pour amorcer la procédure requise aux fins de la signature du contrat relatif à ce marché.

C. *La privatisation totale du capital*

Jusqu'au 31 décembre 1989, soixante et une unités de production ont déjà été cédées par contrat aux tiers.

1. *Ventilation par provinces* :

- KINSHASA (11) : Imprimerie du Plateau, Economat du Peuple (Dima, Marché, Commerce), Kin Center, S.T.K., AZDA, Economat du Peuple (dépôt + 2 villas, Jet Parc), Imprimerie de Kinshasa « GIMOZA », AZDA (Installation Kingabwa), S.T.K. (installation 14ème Rue Limete), et S.T.K. (installations de Ngaliema 14ème Rue) et Solidus.

- BAS-ZAIRE (13) : G.E.R. Inkisi, G.E.R. Mbanza-Ngungu, G.E.R. Songololo, G.E.R. Zomfi, G.E.R. Luisi-Mbombe, G.E.R. Mawunzi, Pharmacie ex-D.C.M.P. à Mbanza-Ngungu, Installations STK à

Matadi, Installations ST.K. à Mbanza-Ngungu, Hôtel de Boma, Imprimerie et Ferme de Borna, Installations ex-P.V.T.R. à Mbanza-Ngungu et enfin, Installations ex -EGEAC à Mbanza-Ngungu. (N.B : G.E.R. : Groupe d'Economie Rurale).

- BANDUNDU (5) : Ferme de Kingete, Ferme de Majilajila et Kisala Ngongo, Centre Avicole Tshilwalwa, Ferme de Ngungu-Katuka et Plantation RP.K. Fumuputu.

- EQUATEUR (6) : Installations ex-Onafitex, Sotras-Com, Ferme d'Etat de Bolumbo, Installations ex-Coton Zaïre à Musinga et à Yakoma, Installations ex-Coton Zaïre à Abuzi et Installations ex-AC.A à Mbandaka.

- HAUT-ZAIRE (10) : Installations ex-Cotonco de Gbokuma à Isiro, Installations ex-Onafitex de Dungu, Usine Huilerie ex-Onafitex, Immeuble. ex-Onacer, Machines des Installations ex-Onafitex de Niangara et de Biodi, Installations de l'ex-Onafitex de Bondo, Immeuble ex-Onafitex de Tinda, Installations de l'ex-Onafitex, cf. Estagrico et Installations de l'ex- Onafitex de Niangara et Rizerie de Kole.

- KIVU (5) : Station CAB (Centre d'adaptation du bétail), Usine de l'ex-Onafitex d'Utanga à Kibombo, Imprimeries Réunies de Goma, Installations INERA Lubarika à Uvira et Usines et Plantations à thé de Ngweshe et de Kavumu.

- SHABA (5) : Ferme de Musoka Ntanda, Ferme de Mwene Djamba, Hôtel du Parc à Kaniama, Patrimoine de l'ex-C.S.K. et Patrimoine de l'ex-Cobelkat à Kaniama.

- KASAI-ORIENTAL (4) : Ferme de Wetshindjadi, Ferme de Sangwa et de Nkuluye, Economat du Peuple de Mbujii-Mayi et Installations ex-Onafitex de Wembo Niama et de Mudimbi à Katakokombe.

- KASAI OCCIDENTAL (2) : Imprimeries Réunies (Agence de Kananga) et Installations de l'ex-Onafitex de Tshikapa.

2. *Valeur de ventes*

La valeur globale de cession de ces unités en Zaires de 1985-1989 se présentait comme suit, par province :

- Kinshasa : 86.019.988,50 Zaïres
- Bas-Zaïre : 76.785.124,35 Zaïres
- Bandundu : 9.763.036,85 Zaïres
- Equateur : 34.332.005,00 Zaïres
- Haut-Zaïre : 10.731.785,84 Zaïres
- Kivu : 160.726.835,50 Zaïres
- Shaba : 2.196.332,00 Zaïres
- Kasaï Oriental : 13.676731,00 Zaïres
- Kasaï Occidental : 2.417.847,33 Zaïres.

Le rapport indique que certains contrats de vente ont été apurés par les acquéreurs. D'autres ne l'étaient pas encore à la date de sa rédaction.

3. *Affectation du produit de ces privatisations*

Aucun élément du rapport ne permet de se faire une idée sur la destination donnée au produit de ces privatisations.

4. *Unités devant encore être privatisées à la date du 5 février 1990*

A la date de sa rédaction, le rapport renseigne l'existence de 30 unités touchées par les décisions de privatisation de 1982 et 1988 mais qui n'étaient pas encore vendues. Il s'agit de :

1° Ville de Kinshasa :
- Ceintures vertes ;
- Ferme avicole de Ndjili ;
- Ecole Pigier.

2° Province du Bas-Congo :
- Ferme avicole de Kikanda ;
- Ferme de Zanga près du camp militaire de Nsona Nkulu ;
- Ferme Etangs Piscicoles de Kasangulu.

3° Province du Bandundu
- Plantation et Usine de TSHIMBANE ;
- Plantation et Usine de BILILI et DUI ;
- Scierie de Ndana ;
- Ferme de Mosanga ;
- Ferme Station de Kabuba.

4° Province de l'Equateur
- Ferme de Bolumboloko ;
- Ferme d'Etat de Bodumbili à Gemena ;

- Ferme Porcherie à Bosengwene à Gemena ;
- Ferme INERA à Bongabo à Businga.

5° Province du Kasaï Oriental
- Ferme agro-pastorale Mpunta ;
- Ferme ex-Enutte ;
- Ferme Kalundwe Musoko.

6° Province du Kasaï Occidental ;
- Ferme de Kabuluku ;
- Ferme de Lubi à Kamponde.

7° Province Orientale
- Ferme Kibibi près de Kisangani.

8° Province du Nord-Kivu
- Ferme de Kisuma à Masisi.

9° Province du Sud-Kivu
- Ferme de la Ruzizi à Uvira.

10° Province du Katanga
- Ferme ex-Cipolat à Likasi ;
- Ferme de Kando ;
- Ferme de Mutshiatshia ;
- Ferme de Kayembe Mukulu ;
- Ferme de Kisenge à Dilolo ;
- Ferme Porcherie d'Etat à Lwenge.

Il est difficile de se faire une idée exacte sur la situation de ces unités depuis l'amorce du processus de démocratisation (I990) caractérisé par des difficultés politiques et sociales de toutes sortes. Ont-elles été cédées sans méthode appropriée ? Sont-elles occupées anarchiquement ou demeurent-elles en attente de privatisation ? Si tel est le cas, étant donné qu'il ne s'agit pas d'entreprises que l'Etat avait créées, mais plutôt de celles qui avaient été zaïrianisées, le nouveau programme à initier conformément au schéma contenu dans le présent ouvrage devra, si possible, envisager le retour de ces unités à leurs anciens propriétaires ; ce qui paraît utopique du fait que les intéressés ont déjà quitté le Congo.

§ 2. *La privatisation des actions de l'Etat dans le capital social de certaines entreprises d'économie mixte*

A. *La Société Zaïre-Etain*

Création : 20 juillet 1967 suite à l'entrée en vigueur de la Loi Bakajika et suivant le Protocole d'accord du 11 mai 1967 signé entre la R.Z. et la GEOMINES (Compagnie Géologique et Minière des Ingénieurs et Industriels belges).

Siège social : Lubumbashi ; siège d'exploitation : Manono.

Objet social : exploitation du minerai de cassitérite.

Gestion privatisée : suite à une mauvaise gestion, le Conseil Exécutif décide, le 24 mai 1985, de l'ouverture du capital de Zaïre-Etain à de nouveaux partenaires.

Cession : aucun preneur.

Difficultés rencontrées : au plan juridique, au plan localisation (siège situé dans un district enclavé) et enfin au plan financier (pas de capitaux frais).

B. *La Nouvelle EXFORKA*

Siège social : Kakenge (Kasaï-Occidental).

Objet social : Exploitation forestière.

Parts de l'Etat : 25 % pour la R.Z. (10 % pour l'Etat congolais et 15 % pour la S.N.C.Z.).

Gestion privatisée : l'Etat cherche à privatiser ses parts en vue d'une relance. Difficultés de trésorerie.

Constat : arrêt total des activités.

C. *Auto Transport Company* (A.T.C)

Création : 29 novembre 1959 (suite à la liquidation d'Africauto-Zaïre).

Objet social : exploitation secteur automobile.

Parts sociales : 40 % pour la R.Z.

60 % pour des intérêts privés étrangers.

Cession : l'Etat congolais cède une partie de ses parts à des intérêts privés congolais, soit 20 % pour la RDC, 20 % pour les intérêts privés congolais et 60 % intérêts privés étrangers.

Difficultés d'approvisionnements dues essentiellement au manque de devises.

Gestion privatisée : le Conseil Exécutif décide, le 13 mai 1989, de la privatisation de ses parts d'actions dans le capital social de l'A. T. C.

Preneurs : Chanic et Sté Diesel Energie.

D. *La B.C.C.E.*

La dissolution de la Banque Congolaise du Commerce Extérieur (BCCE), entreprise publique, décidée en 1991 par le Gouvernement, au profit d'une nouvelle Société par actions à responsabilité limitée (SARL) à constituer, avec le concours de partenaires extérieurs, notamment Duménil Leblé Bank et Cooper Products LTD, est un cas parmi tant d'autres de privatisations qui ont soulevé en RDC de vives passions au sein de la population.

La problématique se situe d'abord au niveau de l'évaluation du patrimoine de la BCCE, entreprise publique en liquidation, que l'Etat actionnaire se propose d'apporter pour former le capital social de la nouvelle société à constituer. Les travaux d'évaluation effectués par le liquidateur Mupepe Lebo désigné par Arrêté Ministériel (112), faisant suite à la Note adressée au Gouvernement en date du 25 janvier 1996, indiquent que le patrimoine mis à jour de la BCCE est évalué à 146.811.283 $US. Une contre-expertise faite par Immoaf, à la demande expresse du Ministre du Portefeuille de l'époque, arrête la valeur patrimoniale de la BCCE à 9.733.294 $US.

Bien plus, le choix des partenaires extérieurs devant apporter des capitaux frais, Duménil Leblé Bank et Cooper Products Ltd, pour constituer la BCCE SARL, a fait l'objet de contestation en raison de ce que d'aucuns ont appelé « le manque de crédibilité et de compétence en matière de gestion d'une banque de la taille de BCCE ».

Le refus de la Banque Centrale du Congo d'accorder l'agrément à la BCCE Sarl (cf. lettre n° 00497 du 2ème Vice-Gouverneur datée du 10 février

1992), se base sur le fait que les partenaires cités ci-haut n'ont apporté aucune participation au capital social et encore moins leurs relations d'affaires à l'extérieur pour permettre à la BCCE Sarl à constituer, de disposer d'un fonds de roulement.

Parmi les raisons évoquées figurent notamment : l'inadéquation des statuts, l'insuffisance du capital social, l'absence d'une évaluation préalable du patrimoine de la BCCE en vue de fixer le niveau du capital social, la mauvaise répartition des administrateurs, le doute sur les qualités de gestionnaires et partenaires extérieurs, le coût exorbitant relatif à la convention d'assistance technique entre Duménil Leblé et BCCE SARL (15 millions de FB par an).

Il convient d'ajouter à cet imbroglio de nombreux procès intentés contre la BCCE, entreprise publique, aux termes desquels des dommages et intérêts exorbitants ont été exigés. C'est le cas du procès intenté et gagné par le créancier Atembina Mongoma, qui a fait mettre sous scellé l'immeuble central de la BCCE situé sur le Boulevard du 30 juin, à Kinshasa(113). Notons que ces scellés ont été levés par le Gouvernement Kabila après sa prise de pouvoir à Kinshasa, le 17 mai 1997.

La BCCE constitue l'exemple type d'une privatisation non transparente et sans finalité et dont l'aboutissement a été entravé par des complications juridiques de toutes sortes.

§ 3. ***Bref commentaire***

Au regard de ce qui précède, les éléments de synthèse ci-après peuvent être dégagés sur ces différents mouvements de privatisations orchestrés en RDC.

A. *Objectifs recherchés*

D'une part, dégraisser le portefeuille des unités amorphes et parfois budgétaires ne présentant pas un intérêt stratégique certain pour justifier la présence de l'Etat, et d'autre part, rechercher un souffle nouveau tant au plan de ressources financières à long terme pour financer des investissements, qu'à celui du management privé dont la capacité innovatrice s'est justifiée à bien des égards.

B. *Constat général*

Après ces privatisations dont le mouvement s'est amplifié entre 1982 et 1989, le constat général est celui d'échec. En effet, la plupart des fermes et plantations ayant fait l'objet de nationalisation puis de privatisation ont cessé d'exister, de même que les usines et autres unités de production. Cet état de choses est imputable essentiellement au manque de transparence juridique de ces opérations qui se sont plus rapprochées de la zaïrianisation que d'une véritable privatisation. Lors de la zaïrianisation, le problème avait été de dépouiller St Pierre pour donner à St Paul. Avec la « privatisation » on a dépouillé St Paul pour donner à St André.

Quatrième Partie

La Réglementation de l'activité économique en RDC

INTRODUCTION

La réglementation de l'activité économique et sociale est apparue depuis le 18ème siècle comme une activité régalienne de tout Etat. Ainsi, l'accès à l'activité économique et l'exercice concret de cette activité sont soumis au contrôle de l'Etat qui a édicté des textes de lois pour rendre effectif ce contrôle. B. Bellon, G. Caire, L. Cartelier et al, sont explicites à ce propos quand ils pensent « qu'il est difficile de concevoir le marché du travail indépendamment de différentes formes d'intervention de l'Etat. De même encore, on peut montrer combien les pays d'Europe de l'Est sont prisonniers d'une illusion lorsqu'ils pensent pouvoir construire une économie sans Etat: l'utopie de la main invisible se substitue à l'utopie de la main visible »[1].

---

[1] Bellon (B), Caire (G), Cartelier (L) et al, *op. cit.*, p. 17.

CHAPITRE I

LES NOTIONS SUR LA REGLEMENTATION DE L'ACTIVITE ECONOMIQUE

Section 1 : Les fondements de la réglementation économique

§ 1. *Le libéralisme économique*

Aussi paradoxal que cela puisse paraître, le libéralisme économique justifie, à certains égards, la réglementation de l'économie.

La liberté du commerce, de l'industrie et le droit de propriété qui constituent la base du libéralisme économique, sont, on l'a déjà dit, des principes qui tirent leur origine dans la Révolution Française de 1789. Il convient, en vertu de ces principes, de laisser les particuliers entreprendre et se constituer une propriété individuelle que l'Etat est appelé, par des lois, à protéger. Cependant, ces principes recèlent a contrario le droit pour l'Etat d'intervenir pour instituer les règles du jeu, assainir le milieu, et contrarier la multiplication d'actes de concurrence déloyale qui pourraient s'ériger en obstacles à la liberté d'entreprendre.

Le droit de propriété ou celui de disposer, de jouir de la manière absolue et tirer profit de son bien, implique également la réglementation de l'Etat. C'est ainsi qu'il a été institué dans certains pays l'infraction d'abus des biens sociaux. La propriété a beau être individuelle, mais elle est aussi un bien social dont l'impact sur la vie de la communauté n'est pas à démontrer. Il convient par conséquent de ne pas en faire un usage abusif en vue de préserver l'équilibre de la société.

§ 2. *Egalité en matière économique*

La Constitution affirme l'égalité des citoyens devant la loi. Autrement dit, en matière de commerce, comme en matière d'accès au marché de l'Etat, aucun citoyen ne peut être défavorisé par un règlement ou une loi pris par les instances officielles. Toutefois, le principe est que l'Etat puisse réglementer l'activité économique de sorte à éviter toutes sortes des distorsions, l'entente et de monopoles pouvant mettre en péril cette égalité.

Section 2 : Quelques domaines ou activités réglementés en RDC

§ 1. *La réglementation de la monnaie et du crédit*

La monnaie est un attribut de la souveraineté nationale. Elle conditionne de manière indéniable les affaires au pays, car sans une monnaie stable, aucune affaire n'est possible. En effet, l'inflation provoque la hausse des prix dont les conséquences sont la baisse de la demande, celle de l'épargne, la diminution de l'offre, celle des investissements, etc. D'où, l'Etat doit réglementer les flux monétaires et les mouvements des crédits pour donner de la valeur à la monnaie et garantir ainsi une bonne réalisation des affaires.

Dans cet ordre d'idées, il incombe à l'Etat de frapper la monnaie. Cependant, si la situation de la monnaie n'est pas réglementée, les opérateurs économiques auront tendance à recourir à la thésaurisation ou au commerce anarchique de la monnaie. En conséquence, la masse monétaire va circuler essentiellement hors banque, ce qui va porter atteinte au crédit, à l'investissement et aux opérations bancaires courantes (dépôts et retraits, crédit documentaire ...). Ainsi, l'Etat doit réglementer aussi bien l'émission que le commerce de la monnaie.

§ 2. ***L'action sur le prix***

La stabilité des prix est un indicateur important de la bonne tenue d'une économie. Les commerçants sont enclins à augmenter les prix pour tirer un profit excessif de leurs affaires. Parfois, ils créent des ententes destinées à conforter leur position dominante dans cette recherche effrénée de lucre. Il faut, par conséquent, réglementer pour assurer un bénéfice normal au commerçant et éviter les réactions brutales de la population, qui peuvent mettre en péril la paix sociale.

En outre, dans un pays sans structures de production diversifiées et stables et sans ressources en devises pouvant être utilisées pour les importations, on ne peut pas s'attendre à ce que le marché lui-même (offre et demande) régule les prix.

Pour un certain nombre d'activités, affirme Courtheoux, le jeu normal de la concurrence est incapable d'exercer un rôle suffisant sur les prix[1].

§ 3. *La police de la concurrence*

Par son action sur la concurrence, l'Etat peut soit favoriser celle-ci soit la limiter. Il peut fermer les frontières nationales à certains produits industriels subventionnés et par conséquent à prix très bas qui viendraient faire une concurrence déloyale à la production nationale (tissus wax, cigarettes, production du poisson, de la viande, textiles ... sont les cas les plus cités en RDC). La police de la concurrence a donc pour but d'assurer un exercice régulier de cette concurrence et garantir la liberté du commerce. Elle ne vient pas comme d'aucuns pourraient le croire, porter atteinte à cette liberté.

§ 4. *La réglementation de certaines activités de production*

Lorsque, au courant du mois de mars 1996, a surgi en Grande Bretagne l'affaire de la vache folle

[1] Courtheoux (J.P), « La persistance des formes traditionnelles d'intervention », *L'Etat et le Marché*, Adis/Economica, 1995, p. 125.

pouvant transmettre la folie à celui qui la consomme, on a vu à la télévision un sujet de Sa Majesté la Reine s'exclamer: « tout ça c'est la conséquence de la déréglementation économique intervenue dans notre pays». Par conséquent, l'Etat doit prendre des mesures en matière d'hygiène, de santé et d'environnement pour s'assurer que les règles du jeu sont respectées par les hommes d'affaires dans leurs activités productives.

§ 5. *La réglementation des investissements extérieurs*

La RDC s'est dotée d'un Code des investissements en 2002 destiné à attirer les capitaux étrangers. Les privatisations elles-mêmes, lorsqu'elles s'adressent aux étrangers, s'insèrent dans cette recherche des financements étrangers. Cependant, certains investissements peuvent détruire l'environnement et mettre en péril, la santé et la sécurité publique. D'autres investissements peuvent provenir des trafiquants d'armes et des fraudeurs patentés qui peuvent mettre en danger l'indépendance de la Nation. A ce sujet, on fait état de certains investisseurs étrangers dont l'objectif est de faire main basse sur les richesses naturelles ou des terres arables du Congo sans aucune politique de création d'emplois ou d'octroi des rémunérations dignes aux Congolais et sans un apport palpable et quantifiable au budget de l'Etat. Le pays ne saurait ouvrir grandement les bras à de telles personnes.

CHAPITRE II

LA DEREGLEMENTATION DE L'ACTIVITE ECONOMIQUE

La plupart des spécialistes du développement des affaires et des investissements sont d'avis que de nombreuses et multiples réglementations étatiques constituent des obstacles audit développement. D'où, il importe de déréglementer pour desserrer l'étreinte étatique sur l'environnement.

Section 1 : Définition

La *déréglementation*, c'est le fait pour l'Etat, les Provinces, les communes, les entreprises publiques, etc. d'abroger ou d'amender certaines lois et règlements pris en matières économique et sociale dans le but de stimuler la liberté du commerce et de l'industrie, de favoriser l'accroissement du volume des affaires, la production des biens et services au pays, la création d'emplois, etc.

Section 2 : Fondements

L'Etat doit faire marche-arrière en revenant à son rôle premier, celui d'être un gendarme. Il doit entretenir une police, une armée, percevoir impôts et droits de douane mais s'abstenir d'intervenir dans le secteur économique par des réglementations excessives des taxes multiples ou par la création d'entreprises publiques qui sont autant de restrictions à l'initiative privée et à l'expansion des affaires.

Baudy et Boual parlent à ce sujet de « multiplier les mises en cause de la lourdeur des services publics, des tendances à la bureaucratisation et au compatriotisme, de leur centralisation excessive, des rigidités reposant sur l'inflation réglementaire, des situations acquises »(116). Les lois élaborées n'ont fait que favoriser la corruption et freiner l'élan de la population dans l'intensification des opérations commerciales. Les gens passent beaucoup de temps devant les bureaux de l'Administration publique pour obtenir les multiples autorisations et, pour y parvenir, ils sont obligés de corrompre les préposés, ce qui freine l'initiative privée et au-delà, la création des emplois et la lutte contre la pauvreté. L'Etat doit encourager la pratique du commerce en général et particulièrement du petit commerce qui est exercé à ce jour par environ 60 % de la population, selon certaines statistiques. Ce dernier permet de pourvoir des ressources à la majorité de la population qui n'a pas accès au marché d'emplois structuré.

Il doit sensiblement réduire tant le nombre que les taux des droits de douane ainsi que les impôts à l'intérieur, pour respecter l'intangibilité du droit de propriété des citoyens.

Section 3 : Application de la déréglementation en RDC

L'application de la déréglementation en RDC est intervenue suite aux mesures de libéralisation prises par le Conseil Exécutif (Gouvernement) le 9 septembre 1983.

Destinées à favoriser la relance progressive et soutenue de l'économie, à réduire le taux d'inflation, à améliorer et à renforcer la confiance dans l'économie du pays, ces mesures étaient de six ordres principaux, à savoir (voir supra) :

- Assainissement des finances publiques, grâce à la rigueur dans la gestion ;
- La libéralisation des prix pour l'ensemble des secteurs économiques ;
- La suppression de toute entrave susceptible de perturber le bon fonctionnement de l'économie ;
- La libéralisation de l'exploitation artisanale des matières précieuses ;
- La libéralisation du régime de change afin d'uniformiser les différents taux de change pratiqués dans le pays ;
- L'abolition du régime d'importation S.A.D. (Sans Achat de Devise) et la parité fixe du zaïre-monnaie par rapport au DTS auquel il était attaché depuis 1976.

En application de toutes ces mesures, est intervenu l'Arrêté départemental n° SENI/CAB/018/81 du 1er juin 1981 portant modalités d'exécution du Décret-Loi du 20 mars 1961 relatif aux prix, qui en son article 9 libéralise la procédure de calcul des prix des produits et services. Aux termes de cet article, les prix seront fixés par les opérateurs économiques eux-mêmes en se conformant aux structures des prix telles qu'elles sont déterminées par les lois et règlements en la matière, à l'exception des produits et services dits de base ou stratégiques suivants: l'eau, l'électricité, les produits pétroliers, les transports publics intérieurs, les produits pharmaceutiques, les prix minima de manioc, maïs, paddy et coton, huile de palme, sucre et froment, matériaux de construction autres que le bois. Quant aux prix agricoles cités ci-haut, l'Arrêté ministériel affirme qu'ils seront périodiquement relevés de façon à garantir un juste prix au producteur.

De son côté, l'Arrêté ministériel n° DENI/CAB/003/82 du 30 mars 1982 libéralise les prix des produits pharmaceutiques.

La libéralisation de l'exploitation artisanale des matières précieuses amène le Ministère des Mines à créer les comptoirs d'achat des matières précieuses.

Soulignons l'intervention de la loi organique n° 18/020 relative à la liberté des prix qui réitère le principe de la liberté de prix et met en place d'une manière d'encadrement de la dite liberté.

Ces mesures de libéralisation ont visé plusieurs secteurs de la vie économique nationale, notamment les transports aériens, les télécommunications (téléphone cellulaire), l'utilisation des devises, la création des bureaux de change, le domaine d'électricité, les assurances, les mines, etc.

Section 4 : Constatations générales

Il n'est un secret pour personne qu'il existe une disparité criante entre les prix tels que pratiqués en RDC et le pouvoir d'achat de la population. Les pillages de septembre 1991 et de janvier 1993 ainsi que les réclamations permanentes pour le relèvement des salaires des fonctionnaires en sont des preuves éloquentes. Les prix sont calculés en Dollars américains et s'ajustent automatiquement par rapport au Franc congolais, alors que les salaires demeurent figés. Ce déséquilibre constituera toujours un élément de crise, à moins que le Gouvernement ne prenne des mesures qui s'imposent. Il s'agit des mesures de politique budgétaire et monétaire et de relance de la production.

Concernant le blocage des prix des produits agricoles, celui-ci est de nature à occasionner le désintéressement pour les activités agricoles. Le cultivateur vend son manioc ou son maïs pour payer le minerval de ses enfants, acheter une étoffe, une bicyclette etc. A notre sens, on devrait également envisager la libéralisation de ces prix tout en prenant des dispositions pour substantiellement financer le secteur agricole, ce qui entrainait l'abondance de la production et la baisse générale des prix.

Même en France où les prix ont été libéralisés totalement, par l'Ordonnance du 1er décembre 1986, demeurent administrés les prix du gaz, d'électricité, de médicaments[1]. Explicitant cette expérience de la France, Courthéoux dit : « La libéralisation générale des prix de la plupart des produits et services en 1987 pourrait laisser croire que l'Etat n'intervient plus, directement au moins, en matière de prix. Cependant, l'Etat assume toujours diverses responsabilités et dispose encore de certains pouvoirs en matière de fixation des prix des biens et services qu'il produit lui-même ou qui sont produits par des établissements publics. Ces interventions de l'Etat relèvent soit de justifications économiques générales, soit de considérations plus particulières (cas des entreprises publiques ou encore des loyers à usage d'habitation). Plus précisément, la reconnaissance du rôle du marché comme mode de régulation laisse à l'Etat la responsabilité d'intervenir sur certains prix soit parce qu'il est lui-même producteur ou prestataire de services, soit parce que les règles normales de la concurrence ne jouent pas »[2].

Enfin, comme démontré dans Traité de Droit Fiscal Congolais, il est difficile de se faire une idée réelle sur les retombées exactes de la libéralisation des matières précieuses sur l'économie congolaise. L'analyse démontre malheureusement que cette libéralisation ne profite qu'à quelques individus et à

---

[1] Le Gall (Jean Pierre), *Droit Commercial*, 10e éd., 1995, p. 14.

[2] Courthéoux (Jean-Paul), *op. cit.*, p. 123.

des Etats tiers. On sait par ailleurs que le Botswana, dont l'économie est basée sur l'exploitation du diamant et figure parmi les plus fortes en Afrique, n'a pas libéralisé ce secteur[1].

Section 5 : En guise de Solution

Les réglementations constitueront toujours le noyau dur du droit de regard de la communauté nationale sur le fonctionnement de l'économie. La maladie de la vache folle survenue en Grande-Bretagne a obligé la plupart des pays européens d'adopter des réglementations interdisant l'importation de la viande bovine anglaise. Les instances supérieures de l'Union Européenne ont, de leur côté, été invitées à intervenir en faveur des éleveurs anglais menacés de guerres sont celles qui révèlent le mieux la double nécessité des réglementations et de l'interventionnisme de l'Etat.

Qu'il s'agisse du domaine d'emploi, de l'environnement, de monnaie et crédit, de concurrence, c'est l'homme d'affaires sérieux et crédible qui cherche à être couvert contre la concurrence ou les nuisances des concurrents par des réglementations appropriées.

Cependant, trop de réglementations tuent la réglementation ; comme du reste, trop d'Etat tue

[1] Buabua Wa Kayembe M., *Traité de Droit Fiscal Congolais*, PUZ, 1993, pp. 184-186.

l'Etat. En conséquence, l'Etat doit assainir les réglementations, les ramener à un niveau acceptable pour la protection de l'homme et de son environnement, et l'exercice d'un commerce équitable et sain pouvant favoriser l'enrichissement licite des populations.

Tout ce qui est superflu doit être déréglementé. Il paraît par exemple superflu d'exiger que l'exercice du commerce soit subordonné à la fois à l'obtention de l'immatriculation au Registre du Commerce, du numéro d'Identification Nationale à l'Economie Nationale et d'un numéro d'identification à l'impôt.

Alors que tous les pays sont engagés dans le processus de promotion des affaires qui implique l'encouragement du couple « production et exportation », quelle serait l'utilité d'une taxe dite « autorisation d'exportation » instituée au profit du Ministère du Commerce Extérieur et qui paraît comme étant une pénalisation de l'exportation ?

Ainsi, l'Etat devrait pouvoir arrêter la liste de réglementations nécessaires à conserver et abroger celles qui peuvent constituer des entraves à l'exercice régulier du purement et simplement commerce.

Ainsi, l'application de la politique de dérèglementation ne veut pas dire l'absence totale de règlementations.

CHAPITRE III

LA PROMOTION DES INVESTISSEMENTS PRIVES EN RDC

Poser le problème de la privatisation revient à poser celui de la relance des investissements privés en RDC. En effet, privatiser ou se désengager c'est réduire le rôle de l'Etat dans les entreprises publiques et inviter les investisseurs privés à occuper l'espace ainsi dégagé. L'Etat ne pourra se confiner à ses tâches traditionnelles que s'il existe en RDC une alternative privée crédible en matière d'investissement. L'investissement est en effet, à la base de la création d'emplois base de toute politique sociale orientée vers l'allégement de la souffrance de la population.

Le code des investissements de 1986, considéré comme trop large par rapport aux avantages fiscaux et douaniers octroyés, a été révisé par la loi n° 02/004 du 21 février 2002, laquelle mettait en place un guichet unique en matière d'investissements dénommé ANAPI (Agence Nationale pour la Promotion des Investissements). Si on peut dire que les résultats de ce code sont tangibles dans certains domaines tels que les banques, les télécommunications, l'immobilier, la distribution (supermarchés), l'industrie (cimenteries), lesdits résultats doivent cependant être considérés comme des jalons d'une politique de promotion qui doit être intensifiée.

Section 1 : Les atouts de la RDC

Sur le plan géographique, la RDC est le 2è pays le plus étendu d'Afrique, après l'Algérie.

La R.D.C. est un pays aux dimensions énormes situé au centre de l'Afrique.

Autrefois, Frantz Fanon avait comparé l'Afrique à un revolver dont la gâchette est située en RDC. Et Cheick Anta Diop dans Nations nègres et civilisations a mis en exergue l'importance que pourrait exercer la R.D.C. dans le développement industriel de l'Afrique toute entière.

Dans le n° 11 du *Bulletin Congo-Zaïre* publié par l'Ambassade de France en RDC, l'ambassadeur de ce pays avait trouvé les mots justes pour évoquer les perspectives du développement de la RDC : « La RDC est un territoire d'une extrême importance en Afrique, son potentiel est extraordinaire, le pays est francophone et francophile ; il est très affaibli mais a une capacité de résistance et des opportunités y existent pour les entreprises françaises »[1].

Abordant la question des potentialités économiques de la RDC, cette revue souligne : « Ce pays était plus riche que l'Afrique du Sud dans les années 1960. On le qualifiait de « scandale géologique » tant il regorge de produits miniers (diamant, or, cuivre, cobalt, zinc, manganèse, étain,

[1] Ambassadeur de France en RDC. in *Bulletin Congo-Zaïre* n° 1 L cité par *Le Standard* du 11 juillet 1996.

fer, plomb, cassitérite, germanium, coltan, etc.). Son potentiel hydroélectrique est immense. D'ores et déjà, le barrage d'Inga est le plus puissant d'Afrique. Le pays est un réservoir d'eau douce, ce qui peut intéresser notamment l'Afrique du Sud. La forêt est quasiment inexploitée. Le sous-sol renferme également du pétrole (on shore et offshore) et il a un immense potentiel agricole qui a notamment intéressé dernièrement les Sud-Africains qui voient le Katanga et le Kasaï comme un grenier pour leurs besoins en produits alimentaires »[1].

Toutefois, depuis l'indépendance de la RDC, ce constat est fait sans discontinuer et sans que cela ne débouche sur une amélioration tangible de la situation économique du pays.

La R.D.C. applique depuis son indépendance le libéralisme économique et l'on dispose un peu partout, à travers le pays, d'une classe d'hommes d'affaires qui, suffisamment formés et informés, peuvent relever le défi. On retrouve en effet des hommes d'affaires congolais sur toutes les places financières du monde (Johannesburg, Dubaï, Bruxelles, Paris, Londres, New-York...). C'est dire qu'il existe en RDC un capital humain qui n'attend qu'à être organisé et canalisé vers les besoins du développement.

Parlant de résilience congolaise, la revue Congo-Zaïre précise : « On indique habituellement que le

[1] *Bulletin Congo-Zaire*, in *Standard*, op. cit.

PNB (Produit National Brut) de la R.D.C. est d'environ 100 $ US par habitant[1]. Mais, 90 % de l'économie est informelle. Des déplacements dans le pays montrent bien que le Congolais de Kinshasa n'est en réalité pas plus pauvre que le Congolais de Brazzaville, par exemple, où le PNB officiel par habitant avoisine 1.000 US. Les villes congolaises sont électrifiées. Le Congolais est réputé pour être créatif, ingénieux, débrouillard. En cela, la RDC peut être comparée au Nigeria, l'autre géant africain mais qui est anglophone. Le Congolais s'est adapté à la situation économique et à l'absence de l'Etat. La Gécamines (mines de cuivre et de cobalt d'ex-Shaba) est un excellent exemple de la capacité de résistance de la RDC, assez peu habituelle en Afrique. Avec un peu de moyens, un outil de production archaïque, un fonds de roulement exsangue, la Gécamines résiste, fait preuve d'imagination et met en œuvre des stratégies devant lui permettre, quand les financements extérieurs peuvent être obtenus, de retrouver sa capacité nominale de production »[2].

Ainsi, les chances de voir la RDC se développer demeurent intactes, ses grandes opportunités étant ses ressources humaines dotées d'une vision de changement et d'un moral à toute épreuve.

Néanmoins, cela ne sera possible que lorsque les autorités se décideront de préparer l'environnement

---

[1] Ledit PIB par habitant est de 500 USD à l'année de la rédaction du présent ouvrage (2020).

[2] *Revue Congo-Zaïre*, in *Le Standard*, op. cit., p. 4.

juridique et économique national, afin de le rendre favorable aux affaires tant des nationaux que des étrangers. Ainsi, nous sommes d'avis que les mesures suivantes doivent être prises si on tient à stimuler les investissements en RDC.

Section 2 : Adoption d'une loi relative à la relance de l'économie

Un code des investissements et une loi sur les privatisations (désengagement) ont déjà été adoptés et mis en vigueur en RDC. Mais tout cela ne donne pas les résultats escomptés du fait que, d'un côté, ces lois ne sont pratiquement pas appliquées et que de l'autre, l'Etat conserve encore sa haute main sur de nombreuses branches d'activités, étouffant littéralement l'éclosion des initiatives privées.

La liberté du commerce et de l'industrie est un droit fondamental prévu par la constitution. Mais au regard des comportements souvent déviants des agents de l'Etat dans leur ensemble, on peut affirmer sans crainte que cela ne va pas aller comme sur des roulettes.

La loi sur la relance de l'économie est appelée à expliciter les choses et à mettre en place des structures appelées à être des supports de la libéralisation.

Une telle loi devrait comporter les principaux axes suivants[1] :

- Pour de raisons d'efficacité, l'Etat abandonne aux privés ou signe avec eux des contrats ad hoc pour la fourniture des plusieurs services et la réalisation des travaux rentrant dans le cadre de l'intérêt général;

- L'appel d'offres ouvert à tous reste la modalité normale pour la signature de tels contrats ;

- L'Etat s'engage à abroger, à travers ses institutions, ministères et services, tous les obstacles à l'émergence des initiatives privées, qu'il s'agisse des obstacles à caractère réglementaire, tarifaire, bureaucratique ou autres ;

- L'Etat met en application des politiques budgétaires et monétaires ou autres compatibles avec la stabilisation et la relance du secteur privé, en vue de favoriser la production, la circulation, la consommation et l'exportation des biens et services;

- L'Etat mène de front et activement, sur base de son budget ou des apports extérieurs, une politique de relance des secteurs jugés prioritaires grâce à la contribution des opérateurs privés ;

- L'Etat conçoit et applique des politiques industrielles, technologiques et sociales pouvant impulser les marchés de produits, de travail, de capital ou des marchés spécifiques soutenus par la demande publique ou la demande et l'offre des privés;

[1] Se référer aux tableaux repris n° 2, 7 et 14 du présent ouvrage.

- L'Etat devra encourager en RDC des relations sociales basées sur la productivité et la qualité ;

- L'Etat œuvrera pour la constitution au pays d'une épargne privée suffisante pouvant être utilisée pour le financement des projets du secteur privé ;

- L'Etat encourage, par diverses interventions, le rôle des universités en tant que promotrices des centres d'excellence ;

- L'Etat met en place un système d'aides indirectes à l'initiative privée : fiscales, commerciales, réglementaires, etc. ;

- L'Etat encourage les provinces et ETD, de réaliser à leur niveau, leurs propres interventions dans l'économie des provinces ;

- L'Etat s'engage à réaliser au pays grâce à l'apport des privés, des grands projets pouvant avoir des effets d'entrainement durables sur l'économie : centrale hydro-électriques, textile, autoroutes et routes interprovinciales, trains à grande vitesse, ports, aéroports, zones économiques spéciales, zones agricoles, zones d'habitat, machines-outils, informatique, etc. ;

- L'Etat s'engage à appliquer des politiques incitatives en faveur des PME.

Ci-dessous, le tableau n°14 reprenant des services pouvant être rendus par des services privés en RDC en vue de booster l'économie et les emplois et ainsi lutter contre la pauvreté.

Tableau n° 14 : Services pouvant être rendus contractuellement par les entreprises privées en RDC

Services : Administration des cimetières, administration des élections, aéroports (gestion), ambulances, arboriculture (plantation, taille, abattage), assurances, autobus (gestion), bibliothèques, collecte des impôts (assiette, établissement des règles, recettes), délivrance des patentes, déménagements, démoustication, éclairage urbain (installation et entretien), enlèvement des véhicules et fourrière, entretien des compteurs d'eau et relevés, entretien des égouts, entretien des parcs, entretien des systèmes d'alarme, hôpitaux (gestion), incarcération et détention, infirmeries, informatique, laboratoire de criminologie, lutte contre les nuisances sonores, lutte contre la délinquance juvénile, musées et culture, obsèques des indigents, ordures (collecte, transport et traitement), parking et garages (gestion), paysagisme, ponts (construction, inspection et entretien), ports (gestion), prévention des inondations, protection et lutte contre l'incendie, ramassage des feuilles mortes, relevés de compteurs, préparations des trottoirs, restaurants et cafétérias, retraitement des déchets, rondes de surveillance, saisie de données, services aéroportuaires, services financiers, services de garde, services hospitaliers, services juridiques, services médicaux, services du personnel, services de plaisance, sondages d'opinion, standards de police, standards de pompiers, surveillance de la circulation (marquage, signaux, pose et entretien de la signalisation), surveillance et prévention de la criminalité, surveillance du stationnement, surveillance de l'urbanisme et des lotissements, tenue des listes électorales, traitement de données, traitement des eaux, transports des handicapés

et personnes âgées, transport scolaire, voirie (construction, entretien et nettoyage).

Section 3 : L'existence d'un Etat de droit

Dans notre ouvrage *La fiscalisation de l'économie informelle au Congo*[1], nous pensions que la restauration de l'Etat par le respect de la loi était la première condition de l'acceptation de l'impôt. L'instauration dans notre pays d'une justice indépendante, tenue par des magistrats intègres et bien rémunérés nous paraît être capitale pour stimuler les investissements des nationaux et des étrangers. Il importe qu'en cas de conflit entre eux ou vis-à-vis des agents de l'Etat, les investisseurs trouvent en l'appareil judiciaire un interlocuteur crédible.

Personne ne peut en effet investir son argent là où règnent l'arbitraire, l'injustice et la loi du plus fort. Et l'Etat lui-même n'a rien à tirer d'un tel système qui ne ferait que favoriser des combinaisons obscures.

Section 4 : Le consensus et la stabilité politique

Les investisseurs étrangers de même que nationaux sont souvent effrayés par la véhémence et la dureté des querelles politiques en RDC. Aussi

[1] Buabua Wa Kayembe, *La fiscalisation de l'Economie informelle au Congo*, PUC, 1995, p. 37.

plusieurs organismes spécialisés classent-ils la RDC parmi les pays à haut risque en matière d'investissement.

Un tel climat ne peut pas favoriser les affaires. Les Congolais doivent apprendre à mettre un peu d'eau dans leur vin à se regarder dans les yeux et à se parler. Quelles que soient les divergences de nos hommes politiques, ceux-ci devraient apprendre à se dépasser et à éviter les déclarations et actions allant à l'encontre de la crédibilité internationale du pays.

Annexes

ANNEXE I

ANNEXE II

DECISION DU GOUVERNEMENT DU 12/02/1982 PORTANT PUBLICATION DE LA LISTE DES ENTREPRISES PUBLIQUES PRIVATISABLES

A. Privatisation de la gestion

1. CACAOZA : Cacaoyer du Zaïre
2. PALMEZA : Palmeraie du Zaïre
3. Usine et Plantation de Butuhe
4. Usine et Plantation de Ngweshe.

B. Privatisation du capital

5. E.M.K.M : Entreprise Minière de Kisenge-Manganèse.
6. Les fermes de BOLUMBULOKO à l'Equateur
7. Les fermes de KABULUKU au Kasaï-Occidental
8. Les fermes de WETSHI-NDJADI au Kasaï-Oriental

9. Les fermes de MUSOKA-TANDA au Shaba
10. Les fermes de MWENE-DJAMBA au Shaba
11. Les fermes de KAYEMBE MULUKU au Shaba
12. Les fermes de MAJILA-JILA au Bandundu
13. Les fermes d'ex-MATERNE au Bas-Zaïre
14. La Ferme Avicole de N'DJILI à Kinshasa
15. Les fermes de NGUNGU-KATUKA au Bandundu
16. La ferme de BOMA au Bas-Zaïre
17. Plantation et Usine de TSHIMBANE a
18. Les H.P.K. FUMUPUTU au Bandundu
19. Plantation et Usine de BILILI et de NDIDI au Bandundu
20. COTON-ZAIRE à l'Equateur
21. SCIERIE DE NDANA au Bandundu
22. IMPRIMERIE DE BOMA au Bas-Zaïre
23. HOTEL DE BOMA au Bas-Zaïre
24. IMPRIMERIE DU PLATEAU à Kinshasa
25. BERGETO-POFUKIN à Kinshasa
26. Boulangerie et Pâtisserie NICAISE à Kinshasa
27. ECONOMAT DU PEUPLE (siège) à Kinshasa
28. A.C.A. (siège) à Kinshasa
29. SIDERURGIE DE MALUKU (Siège) à Kinshasa
30. ECOLE PIGIER (siège) à Kinshasa
31. SOLIDUS (siège) à Kinshasa
32. O.N.P. (Office National de Pêche) (Siège) à Kinshasa
33. SOMECA (Siège) à Kinshasa
34. EDITION LOKOLE (Siège) à Kinshasa
35. CEINTURES VERTES (siège) à Kinshasa

C. Privatisation du capital et/ou de gestion

36. S.T.K. (siège) à Kinshasa.
37. O.T.C.Z. (Siège) à Kinshasa.

D. Privatisation du capital au terme de l'accord de coopération internationale

38. FORESCOM au Bandundu

Source : Conseil Supérieur du Portefeuille, cité par Bombito Botomba, *op. cit.*, pp. 52-53.

ANNEXE III

DECISION DU CONSEIL EXECUTIF DE LA 13/05/1988 PORTANTE PUBLICATION DE LA LISTE DES ENTREPRISES A PRIVATISER TOTALEMENT OU PARTIELLEMENT

1. Entreprises publiques

a. Privatisation partielle du capital

1. SOSIDER : Société d'Exploitation Sidérurgique
2. E.M.K.M. : Entreprise Minière de Kisenge-Manganèse

b. Privatisation totale du capital

1. COTON-ZAIRE : Née des Unités de l'ex-COTONCO.

2. UMAZ : Usine de Matériels Agricoles du Zaïre.

3. O.T.C.Z. : Office des Transports en Commun du Zaïre

c. Privatisation de la gestion

1. CACAOZA : Cacaoyer du Zaïre

2. PALMEZA : Palmerais du Zaïre

3. FORESCOM : Entreprise d'Exploitation forestière et Commerciale.

4. Usine et Plantation de Butuhe

5. Usine et Plantation de Ngweshe.

2. Entreprises privées d'économie-mixte

a. Privatisation partielle

1. ZAIRE-ETAIN : Société Minière d'Exploitation d'Etain au SHABA.
Parts détenues par l'Etat : 50 % du capital social.

2. ESTAGRICO : Société Agricole et Cotonnière de l'Est du Zaïre.
Parts détenues par l'Etat : 50 % du capital social.

3. COTOLU : Société Cotonnière de LUALUABA.
Parts détenues par l'Etat : 25 % du capital social.

b. Privatisation partielle

1. AGRIFOR : Société d'Exploitation Forestière du MAYUMBE.
Parts détenues par l'Etat : 10 % du capital social.

2. EXFORKA : Nouvelle Entreprises d'Exploitation Forestière du KASAI-OCCIDENTAL.
Parts détenues par l'Etat : 10 % du capital social.

3. GRELKA : Société de Grands Elevages de KATONGOLA.
Parts détenues par l'Etat : 40 % du capital social.

4. COMINGEM : Combinat Industriel de GEMENA.
Parts détenues par l'Etat : 20 % du capital social.

5. I.P.S./ZAIRE : Industirial Promotion Service Zaïre
Parts détenues par l'Etat : 20 % du capital.

6. SODIAZ : société de Distribution d'Automobiles au Zaïre
Parts détenues par l'Etat : 40 % du capital social.

Source : Conseil Supérieur du portefeuille, cité par Bombito Botomba, *op. cit.*, p. 54-55.

Bibliographie

I. OUVRAGES

BELLON (Bertrand), CAIRE (Guy), et al, *L'Etat et le Marché*, Paris, Adis/Economica. 1994.

BUABUA wa KAYEMBE, *Traité de droit fiscal congolais, constats et propositions sur les contributions et la douane*, Kinshasa, P.U.Z, 1993.

BUABUA wa KAYEMBE, *La fiscalisation de l'économie informelle en RDC*, Kinshasa, P.U.Z, 1995.

COLSON (Jean-Philippe), *Droit Public Economique*, Paris, L.G.D.J, 1995.

DE CLERCQ (M.), *Cours de droit civil élémentaire*, Bruxelles, A. de Boeck, 1985.

DUVERGER (Maurice), *Finances Publiques*, Paris, P.UF., 1963.

GUILLIEN (Raymond) et VINCENT (Jean), (Dir), *Lexique des termes juridiques*, 10e éd., Paris, Dalloz, 1995.

GUISLAIN (Pierre), *Les privatisations, un défi stratégique, juridique et institutionnel*, Bruxelles, Nouveaux Horizons, De Boeck Université, 1995.

KATUALA KABA KASHALA, *Le Code civil congolais annoté*, Kinshasa, éd. Batena Ntambwa, 1995.

LABANA LASAY' ABAR, *Intégration économique en Afrique*, Lubumbashi, Presses Universitaires de Lubumbashi, 1995.

LE GALL (Jean-Pierre), *Droit commercial, les activités commerciales*, 10e éd., Paris, Dalloz, 1995.

MAGAIN (A), *Code des finances et de la comptabilité publique*, Tome 1, Bruxelles, Editions comptables, commerciales et financières, 1946.

MASAMBA MAKELA, JR, *Droit Economique, Kinshasa*, éd. CADICEC, 1995.

MULUMBA LUKOJI, *Succession d'Etat aux droits patrimoniaux, le cas de l'ex. Congo-Belge (Zaïre)*, Kinshasa, P.U.Z., Rectorat Kinshasa, 1979.

OMOMBO OMANA, *Le Portefeuille de l'Etat et l'ajustement économique de la RDC*, Kinshasa, Hyppolyte Edition, 1999.

SAVAS (ES), *La privatisation, pour une société performante*, Nouveaux Horizons, 1987.

YABILI YALALA Asani, *Code de la Zaïrianisation*, Lubumbashi, Ed. MWANGA Hebdo, 1975.

II. ARTICLES

BAUDY (Pierre) et BOUAL (Jean-Claude), « Les services publics entre l'Etat et le Marché », in *L'Etat et le Marché*, ADIS/Economica, 1995, pp. 133-143.

BELLON (Bertrand) et al., « Introduction à l'ouvrage », *L'Etat et le Marché*, ADIS/Economica, 1995, pp. 7-21.

BELLON (Bertrand), « L'Etat et l'Entreprise », in *L'Etat et le Marché*, ADIS/Economica, 1995, pp. 146158.

BENTEGEAT (Hervé), « Les étrangetés de l'Affaire Thomson », in *Le Point* n° 1259 du samedi 2 novembre 1996.

BOURDON (Jacques), PONTIER (Jean-Marie) et RICCI (Jean-Claude), « Les privatisations en France », in *Annuaire Européen d'Administration Publique*, Volume XI, 1988.

CAIRE (Guy), « L'Etat et le Marché en économie du travail », in *L'Etal et le Marché*, ADIS/Economica, 1995, pp.159-171.

CARTELIER (Lysiane), « L'Etat et le marché : quelques éléments de la problématique », in *L'Etat et le Marché*, ADIS/Economica, 1995, pp.26-33.

COURTHEOUX (Jean-Paul), « La persistance des formes traditionnelles d'intervention », in *L'Etat et le Marché*, ADIS /Economica, pp. 122-132.

DELPEREE (Francis), « Les privatisations en Belgique », in *Annuaire Européen d'administration publique*, Ed. du Centre National de la Recherche Scientifique, 1989.

DEME MOUHAMADOU, « Les privatisations, une solution pour l'Afrique », in *Revue Politique et Management public*, Vol. 13, n° 2, Cahier 2 juin 1995.

DUFFAU (Jean-Marie), « Les privatisations aux Etats-Unis », in *Annuaire Européen d'administration publique*, 1988.

HERMICH (G), « La foire mondiale des privatisations », in *Le Monde* du 25 janvier 1994, cité par COLSON, *op. cit.*, p. 128.

KALAMBA WAFWANA, « Privatiser, le faut-il? Pourquoi et comment ?», in *Le Standard*, n° 186, du mardi 27 février 1996.

KIKASA MWANALESSA, « Le portefeuille de la RDC : origine et valeur, composition et gestion », in *Zaïre-Afrique*, n° 88, Octobre 1974.

KILOLO NGWALUMUNA, « La NBK et la BZCE sont en passe d'être liquidées », in *Le Soft*, n° 452 du jeudi 4 avril 1996.

LE SOFT, « De 146 millions de dollars, le patrimoine de la BZCE passe à moins de 10 millions. Qui a empoché la différence ? », in *Le Soft*, n° 438 du 23 février 1996.

MILELLI (Christian), « Politique industrielle et globalisation », in *L'Etat et le Marché*, ADIS/Economica, 1995, pp. 207-217.

N'SAKA wa N'SAKA (Jean), « La Banque du Zaïre chargée de faire une nouvelle évaluation du patrimoine de la BZCE », in *Le Potentiel*, n° 754 du 3 avril 1996.

SMITH (Eivind), « Les privatisations en Norvège », in *Annuaire Européen d'administration publique*, Vol. XI, 1988.

III. DOCUMENTS, TRAVAUX, TEXTES

BOMBITO BOTAMBA, *Les privatisations en RDC*, Mémoire - Projet - Maîtrise, Louvain, 1992 - 1993.

BUABUA WA KAYEMBE, *Cours de droit congolais des investissements*, UNIKIN, Faculté des sciences sociales, politiques et administratives, année académique 1966/1997.

BUABUA WA KAYEMBE, *Cours de législation en matières économique et sociale au Congo*, Syllabus, U.P.C., année académique 1996/1997.

BUABUA WA KAYEMBE, *Bulletin Congo-Zaïre*, n° 11, cité par *Le Standard* du 11 juillet 1996.

CROS (Marie-France), in *La Libre Belgique*, citée par *Le Soft*, n° 503 du 29 juillet 1996.

TEXTES LEGAUX ET REGLEMENTAIRES

Acte Uniforme révisé relatif au Droit des Sociétés Commerciales et du Groupement d'Intérêt Economique, 30 janvier 2014.

Loi organique n° 18/2018 relative à la liberté des prix.

Loi n° 78-002 du 6 janvier 1978 portant dispositions générale et applicables aux entreprises publiques, in Journal Officiel de la RDC, n° 4 du 15 février 1978.

Loi n° 80-008 du 18 juillet 1980 modifiant et complétant la loi n° 73 -021 du 20 juillet 1973 portant régime général des biens, régime foncier et immobilier et régime des sûretés, mise à jour au 1er août 1980, in *Journal Officiel de la République du Zaïre*, 22ème année, 1er août 1980.

La loi n° 004-2002 du 21 février 2002 portant Code des investissements.

Loi n° 002/2002 du 02 février 2002 portant dispositions applicables aux Coopératives d'épargne et de crédit.

Loi bancaire n° 003/2002 du 02 février 2002 relative à l'activité et au contrôle des Etablissements de Crédit.

Loi n° 11/011 du 13 Juillet 2011 relative aux finances publiques.

Loi n° 007/2002 du 11 juillet 2002 portant Code Minier, telle que modifiée et complétée par la loi n° 18/001 du 09 mars 2018.

Loi n° 04/016 du 19 juillet 2004 portant lutte contre le blanchiment des capitaux et financement du terrorisme.

Loi-n°08-007 du 07 juillet 2008 portant dispositions générales relatives à la transformation des entreprises publiques.

Loi-n°08-008 du 07 juillet 2008 portant dispositions générales relatives au désengagement de l'Etat des entreprises du portefeuille.

Loi n°08-009 du 07 juillet 2008 portant dispositions générales applicables aux Etablissements publics.

Table des Matières

Structures éditoriales du groupe L'Harmattan

L'Harmattan Italie
Via degli Artisti, 15
10124 Torino
harmattan.italia@gmail.com

L'Harmattan Hongrie
Kossuth l. u. 14-16.
1053 Budapest
harmattan@harmattan.hu

L'Harmattan Sénégal
10 VDN en face Mermoz
BP 45034 Dakar-Fann
senharmattan@gmail.com

L'Harmattan Cameroun
TSINGA/FECAFOOT
BP 11486 Yaoundé
inkoukam@gmail.com

L'Harmattan Burkina Faso
Achille Somé – tengnule@hotmail.fr

L'Harmattan Guinée
Almamya, rue KA 028 OKB Agency
BP 3470 Conakry
harmattanguinee@yahoo.fr

L'Harmattan RDC
185, avenue Nyangwe
Commune de Lingwala – Kinshasa
matangilamusadila@yahoo.fr

L'Harmattan Congo
67, boulevard Denis-Sassou-N'Guesso
BP 2874 Brazzaville
harmattan.congo@yahoo.fr

L'Harmattan Mali
ACI 2000 - Immeuble Mgr Jean Marie Cisse
Bureau 10
BP 145 Bamako-Mali
mali@harmattan.fr

L'Harmattan Togo
Djidjole – Lomé
Maison Amela
face EPP BATOME
ddamela@aol.com

L'Harmattan Côte d'Ivoire
Résidence Karl – Cité des Arts
Abidjan-Cocody
03 BP 1588 Abidjan
espace_harmattan.ci@hotmail.fr

Nos librairies en France

Librairie internationale
16, rue des Écoles
75005 Paris
librairie.internationale@harmattan.fr
01 40 46 79 11
www.librairieharmattan.com

Librairie des savoirs
21, rue des Écoles
75005 Paris
librairie.sh@harmattan.fr
01 46 34 13 71
www.librairieharmattansh.com

Librairie Le Lucernaire
53, rue Notre-Dame-des-Champs
75006 Paris
librairie@lucernaire.fr
01 42 22 67 13

www.ingramcontent.com/pod-product-compliance
Lightning Source LLC
LaVergne TN
LVHW050641051026
849532LV00002B/479
* 9 7 8 2 3 4 3 2 4 1 9 8 2 *